Essence of Negative Interest Rate
Great Change in Global Monetary Policy

負利率的本質
全球貨幣政策大變局

劉華峰 著

負利率的到來關乎世界經濟運行，
關乎全球資產重定價、關乎我們每一個人手中的財富；
負利率究竟有著怎樣的成因？負利率將如何影響我們的生活？
負利率與投資品價格的波動有著怎樣的關係？
本書將揭開負利率的神祕面紗，為您提供正確的投資決策參考！

財經錢線

負利率時代到來

這個世界對於我們每個人似乎是不公平的，因為每個人出生時，祖輩為我們留下的資源有著天壤之別，有人銜著金湯匙而生，有人卻一貧如洗地來到這個世界，衣不裹體、食不飽腹。然而世界似乎又是公平的，知識技術、精神文明等那些祖輩用畢生的心血努力求索而取得的超越眾人的成就，卻不能遺傳在後代身上，每一個人都需要從零開始去學習、去努力。人們不得不感嘆物種進化的奇妙之處，或許自然界就是以這種方式讓我們去勞動、去思考，不至於讓後代的四肢與大腦不斷地退化與萎縮。

中國有句古話叫「富不過三代」，不是說富人的後代一定不能富，而是倘若後代坐享其成，無論祖輩留下多少財富，三代之後也所剩無幾。

負利率來了，再也沒有人可以夢想著躺在祖輩或自己前半生留下的積蓄上，安穩地在海邊沙灘的遮陽傘下沐浴著海風，用利息來支付日常開支，負利率的洶湧而至打碎了無數人財務自由的夢想。或許你還會寄希望於負利率很快就會過去，你猜測這只是個暫時現象，就像經濟週期有繁榮有蕭條，你只是暫時遇到點麻煩，不久之後一切都會好起來的。但看完本書，你或許會有不同的認識。

負利率的到來關乎世界經濟運行、關乎全球資產重定價、關乎我們每一個人手中的財富。負利率究竟有著怎樣的成因？負利率將如何影響我們的生活？負利率與投資品價格的波動有著怎樣的關係？……只有瞭解了負利率的本質，才能順利應對負利率的大潮，本書提出的負利率目標制理論為您揭開負利率的神祕面紗，為您制定正確的經濟政策與籌資、投資決策提供參考。

儘管在本書負利率目標制理論提出以前，負利率的出現缺乏理論支持，但還是在貨幣政策操作的摸索中姍姍來遲了，部分發達國家已率先進入負利率時代，部分已進入低利率或零利率運行區間。美國2009年以後聯邦基金利率、1年期國債利率維持在接近零的水平；日本1995年後1年期國債利率控製在1%以下，其大部分時間處於接近零的水平，2016年甚至進入負利率區間；歐元區2014年後基準利率下降至零附近，1年期以內公債收益率進入負利率區間；英國2009年後基準利率與隔夜國債回購利率控製在0.5%以下的水平；加拿大2009年後隔夜回購利率控製在1%以下，2016年運行在0.5%左右；瑞士2009年後3個

月LIBOR利率下降到1%以下，2014年開始進入負利率區間……

然而，在筆者提出負利率目標制理論前，並沒有合理的理論能解釋負利率的到來原因，負利率又是如何出現的呢？負利率或低利率的發生出現在大型經濟危機之後，如日本20世紀90年代的房地產危機，美國等國2008年的金融危機。根據貨幣擴張可以刺激經濟發展的傳統理論，這些國家在經濟危機之後實施了大規模的降息或增加貨幣投放的政策操作，這些操作使得利率下行。根據本書提出的「負利率目標制」理論，利率的降低會導致組成商品的資金成本降低，因而利率的降低會降低商品價格，因此，導致這些國家的通脹水平持續降低。由於這些國家將穩定物價作為重要的貨幣政策目標，以及根據加息抗通脹的傳統理論，較低的通脹水平不再有加息的必要，且低通脹使得進一步寬鬆貨幣刺激經濟的政策空間加大，因而維持了較低的利息水平。部分國家在降息過程中出現了比貨幣政策設定的通貨膨脹目標較低的通脹水平甚至出現了通縮。根據降息會增加貨幣供給量、貨幣增加會導致價格上升的傳統理論，這些國家試圖通過持續的降低利率、增加貨幣投放來提高通脹水平，結果，持續的利率降低沒有提高通脹，反而使得通脹在低位徘徊。

雖然部分國家已經進入了低利率甚至負利率，但迄今為止，依然有眾多國家在摸索中前進，執行著不當的貨幣政策；已經進入負利率或零利率的國家，在實現負利率或零利率的過程中，也因為不當操作而造成了不必要的經濟損失，對於負利率或零利率的未來依然缺乏明確的指導方向。為了讓負利率目標制得到順利實施，使更多國家的負利率實施有

據可依，筆者撰寫了此書，獻給全世界關心貨幣政策發展與經濟發展的所有朋友。

　　由於缺乏正確的、可操作的理論指導，貨幣政策一直在反覆試驗中跌跌撞撞。何為合理的貨幣供給量、何為正確的貨幣政策目標、如何操作實現貨幣政策目標均沒有準確的定論，人們奉行「過多的貨幣追逐過少的貨物將導致通脹」的信條，緊緊盯著過多的貨幣，不曾過問過少的貨物，時至今日，「加息抗通脹」「加息控資本外流」「降息寬鬆貨幣帶來通脹」等眾多錯誤的理論依然充斥著人們的大腦。

　　歷史上最具代表性的貨幣政策理論及框架「貨幣數量論」與「通貨膨脹目標制」在貨幣政策舞臺上儘管發揮了重要作用，但其缺陷也顯而易見。宏觀經濟政策若違背實體經濟運行規律，必將對實體經濟形成不當干擾，降低實體經濟的運行效率。「負利率目標制」是本書提出的一種新的貨幣政策理論，負利率目標制基於實體經濟運行規律而提出，目的是將貨幣政策對實體經濟的干擾降到最低，使實體經濟能沿著自身的軌道運行。貨幣作為公平合理的衡量尺度參與商品交換，而不會導致人為的資源重新配置與財富再分配。

　　市場經濟會調整產出與就業使其達到最優，而不需要貨幣政策過多的干預。不當的貨幣政策導致貨幣供給不能適應貨幣需求，嚴重干擾了實體經濟的正常發展。2008年的全球金融危機，不當的貨幣政策難辭其咎。不考慮貨幣政策以外的因素，負利率目標制的實施將形成最優貨幣供給。在最優貨幣供給狀態下，貨幣不影響產品市場供求，貨幣的存

在僅僅作為衡量尺度，產品市場如同在不使用貨幣狀態下一樣沿著自身軌道運行，人們充分感受到貨幣帶來的經濟中交易摩擦成本降低的便利，而不會感受到貨幣帶來的混亂。

寫作本書的目的顯然不在於否定前人的理論成就與貨幣當局的辛勤工作，創新必然存在風險，沒有前人開拓性的勇於進取的拼搏就沒有後人的發展進步，全球經濟的發展與全人類福利的增進才是筆者最想看到的，相信也是所有貨幣政策研究者與執行者最想看到的。

本書不僅適用於貨幣經濟學家、中央銀行家與其他貨幣政策研究、制定、執行者，同樣適用於企業籌資者、金融市場投資者、經濟學的學者與學生、關心世界貨幣政策發展的所有朋友以及關注自身財富保值增值的人們。希望更多有識之士關注本書的理論觀點與操作規則，共同推動世界貨幣政策的發展。

劉華峰

目 錄

一 負利率的本質 / 001

- 螞蟻、蜜蜂、松鼠是怎麼儲存食物的 / 003
- 人類是怎麼保管現金的 / 005
- 負利率的內在邏輯 / 007
- 負利率目標制的定義 / 010

二 什麼是合理的負利率 / 013

- 無風險儲蓄的利率名義上應該是多少 / 015
- 無風險儲蓄的利率實際上應該是多少 / 017
- 有風險儲蓄的利率應該是多少 / 019
- 不合理的利率會有哪些影響 / 021

三　什麼是合理的通貨膨脹率 / 025

- 什麼樣的價格是合理的 / 027
- 合理的利率與合理的價格之間有著怎樣的關係 / 032
- 貨幣政策的「物價穩定」目標有問題嗎 / 036
- 「貨幣數量論」錯在哪 / 041
- 「加息抗通脹」的謬誤還要騙我們多久 / 053
- 國際上盛行的「通貨膨脹目標制」有什麼缺陷 / 061
- 貨幣政策能控製通貨膨脹嗎 / 070
- 不合理的價格會有哪些影響 / 072

四　什麼是合理的貨幣供給量 / 075

- 需求尤其是終端需求的領先性能告訴我們什麼 / 077
- 合理的貨幣供給量應該是多少 / 083
- 貨幣政策究竟應該達到什麼樣的目標 / 085
- 貨幣政策目標該如何實現 / 088
- 實現貨幣政策目標的貨幣政策工具有哪些 / 093
- 負利率目標制的完美接近者：
  2008年金融危機後美聯儲的零利率目標 / 095
- 貨幣供給是怎麼影響價格的 / 099
- 貨幣供給是怎麼影響利率的 / 101

- 不合理的貨幣供給將帶來怎樣的影響：

  貨幣供給是如何掠奪你的財富的 / 103

五　世界各國貨幣政策案例及數據驗證 / 109

- 美國的 QE 為什麼不會導致通脹 / 111
- 俄羅斯央行為什麼不能實現貨幣政策目標 / 119
- 同為能源出口國的加拿大，與俄羅斯有何不同 / 124
- 從英國數據看貨幣政策對 2008 年金融危機的影響 / 128
- 從歐盟數據看貨幣政策對失業率的影響 / 131
- 負利率目標制的先驅：

  20 世紀房地產危機之後的日本為何走不出通縮 / 133
- 從中國數據看負利率目標制的實施時機 / 136
- 全球貨幣政策的「負利率目標制」觀察：

  為什麼會出現全球性的負利率 / 145

六　對世界各國貨幣政策的「負利率目標制」建議 / 149

- 負利率目標制和通貨膨脹目標制的區別 / 151
- 負利率目標制的實施結果 / 155
- 負利率目標制的操作建議 / 157
- 負利率目標制的數據檢驗 / 163

七　負利率來了，我們怎麼辦 / 167

- 負利率目標制對投資品價格的影響 / 169
- 負利率目標制下的貴金屬投資 / 171
- 負利率目標制下的原油等其他大宗商品投資 / 177
- 負利率目標制下的股票投資 / 182
- 負利率目標制下的債券投資 / 187
- 負利率目標制下的房地產投資 / 190
- 在負利率大潮中逆流而上 / 192

一　負利率的本質

一　負利率的本質

● 螞蟻、蜜蜂、松鼠是怎麼儲存食物的

　　貨物的儲存並不產生於人類文明，而是物種進化過程中為了生存、繁衍而保留下來的本能，如螞蟻、蜜蜂、松鼠……無數動物在不自覺地儲存食物適應季節變化、自然災害。

　　人類的儲蓄行為與很多低等動物類似。父母養老、子女就學、醫療支付……人類都是在自身有勞動能力的時候供養自己及家人，必然需要為自己日漸老去逐漸失去勞動能力的時候做些準備。這種儲蓄的習慣並未體現出人類有多高明，即便是上述低等動物也都在不停勞作，為自己準備更多的食物，儘管它們已經吃飽喝足。

　　為了儲存貨物要做大量的工作，就像螞蟻、松鼠、蜜蜂等動物儲存食物，需要搭建更大的巢穴或挖出更大的洞穴以保證這些食物的安全存放，有時需要把食物從遙遠的地方搬回巢穴或洞穴裡，並且可能還要做適當的防守，避免被侵略者盜取或毀壞。然而，食物儲存久了也可能發生腐爛變質，無法再食用；有時候，一場意外的洪水或龍捲風也可能導致辛苦儲存的食物毀於一旦。

　　人類儲存貨物同樣是一件複雜的事。為了儲存貨物，我們經常需要將貨物從一個地點轉移到另一個地點，同時，我們需要建設儲存場所、購置儲存設備為貨物提供適宜的儲存環境。搬運、擺放、看管是常有的

事，然而儘管如此，存放的貨物也難免會發生損壞、變質等情況。部分貨物還會隨著技術的進步而喪失稀缺性、變得技術落後甚至成為廢品。總之，儲存貨物需要付出一定的儲存成本，人類要承擔儲存貨物的減值損失以及儲備過程中的保管費用。

當然存貨的保管不全是費用，也有可能產生孳息，比如樹上長了果實、雌性動物繁衍了後代等，但對於全社會所有存貨而言，儲存孳息常常彌補不了儲存費用。如未特別說明，本書所討論的儲存成本指儲存費用扣除儲存孳息後的淨成本。不過需要注意的是，這裡說的是儲存，不是生產。

由於實體經濟的真實變量是隨時間而波動的，受實體經濟環境諸多因素的影響，儲存成本率同樣隨時間而波動。歷史儲存成本率的具體數值可以從實體經濟中大致計算出來。不存在重大異常衝擊的情況下，儲存成本率的波動幅度通常不大，且儲存成本率通常處於一個較低的水平。戰爭、自然災害等重大異常衝擊到來時，存貨的毀損會大大增加，儲存成本率也就會大幅上升。

• 人類是怎麼保管現金的

貨幣產生於人類文明，因勞動分工與商品交換的需要，貨幣在所有文明國家中變成了普遍的商品交易媒介。由於貨幣的使用，對多數人而言儲存意味著儲存現金而非實物，但實際上，儲存現金是儲存現金所對應的實物，只不過這些實物不是由儲存現金的人保管而已，這一點將在以後章節再討論，本節我們僅談現金的保管。

你需要一個安全的地方存放你的積蓄，當然你不會讓辛苦勞動取得的收入付之一炬。動物們會把它們儲存的食物放在自己的窩裡或其他它們認為相對安全的地方，儘管有時候的確有些不安全。你也可以把現金放在你居住的房子裡，但通常你不會這麼做，你怕小偷光顧，怕蟲子咬，怕自然腐蝕……種種焦慮會讓你夜不能寐。

倘若有一家機構承諾100%保證現金的安全，那麼這家機構必然收取一定的保管費用以支付保管所需的人工、場地、機器等成本費用，以及承擔可能發生的保管損失，除此以外別無他法。如果這是一家銀行或投資機構，通過投資收益或貸款利息收入來彌補保管成本，那麼，這家機構不可能100%保證現金的返還，因為投資與貸款均存在一定的風險，無法保證不發生損失。

很多時候，儲存現金並非是真正地保管現金，儲存的是現金持有人

的相關信息，這通常比真實的現金保管成本要低得多，當金額足夠大時，不存在重大異常衝擊的情況下，保管費用率近似於零。至於保管費用具體是多少，各國央行基本都可以準確地核算出來。顯然，現金的保管不同於實物的保管，不會產生孳息，因此，保管淨成本始終大於零。

綜上，保管現金會發生保管費用，需要支付保管所需的人工、場地、機器等成本費用，以及承擔可能發生的保管損失。

• 負利率的內在邏輯

前文已經說過,要使自行持有現金與將現金交付保管機構保管不存在重大區別,倘若貨幣儲存者不承擔保管風險,就必須向貨幣保管者支付保管費用。因此,合理的無風險名義存款利率應為負值,負值用以彌補現金的保管成本,即無風險名義利息應相當於貨幣保管者向貨幣儲存者收取的保管費用,因為是貨幣儲存者應承擔的費用而不是可以獲得的收入,因此,存款利率是負值。

現代信用貨幣本身並沒有特別的價值,人們持有貨幣僅僅是因為貨幣可以購買到想要的貨物,儲存貨幣實際上是儲存貨幣所對應的實物。儲存貨物需要付出儲存成本,承擔儲存貨物的減值損失以及儲備過程中的保管費用,儲存孳息通常不足以彌補儲存費用使得儲存淨成本通常為正,因此,要使儲存貨幣與儲存實物不存在重大差異,則無風險實際利率通常應為負值,用以彌補貨物的儲存成本。由於貨物的儲存成本通常大於現金的保管成本,因此,無風險實際利率負值的幅度通常應大於無風險名義利率負值的幅度,或者說實際利率通常應低於名義利率,即經濟通常應為通脹而不是通縮。實施穩定的接近零的無風險名義存款利率後的美國和日本,其無風險實際利率圍繞零上下波動,處於負區間的時間更多。不合理的名義利率可能導致實際利率的不合理,這在後文再詳

細闡述，財政政策等非貨幣政策因素也可能導致利率的不合理，這不是本書討論的重點，本書重點考慮貨幣政策可以控制的因素，假定其他政策在正常合理的情況下貨幣政策所能達到的最優狀態。

本書將貨幣政策操作的充分擔保的貨幣政策工具利率（為敘述方便，本書簡稱為貨幣政策利率）作為無風險利率，也將國家信用保證的國債利率等視為無風險利率。一方面，一國政府債務的危機通常是靠通貨膨脹來解除的，而非通過名義本金的違約來解除，因此，名義本金可視為無風險；另一方面，對於一國國民而言，倘若需要尋找一個無風險的保管者，滿足其無風險儲蓄需要，該國政府恐怕是其最值得信賴的選擇，無論最終的結果是否真的無風險。

貨幣政策能控制的是無風險利率，風險利率受經濟中風險大小與風險偏好的影響，並非貨幣政策所能完全控制的。貨幣政策能控制的是名義利率，實際利率受經濟中儲存成本等的大小影響，並非貨幣政策所能完全控制的。實際利率包括名義利率與通貨膨脹率兩方面的影響，因此，通貨膨脹率受到經濟中儲存成本等的大小影響，並非貨幣政策所能完全控制的。歷史經驗表明，通貨膨脹目標制在實施過程中儘管取得了很多的成功經驗但也存在眾多懸而未決的問題，貨幣政策很難準確地達到通貨膨脹目標，這將在後文討論。

傳統經濟學對於利率的研究缺乏對於無風險利率內在邏輯的研究，側重於對實體經濟中的市場風險利率的研究，這就使得對貨幣政策和利率的關係認識不清，誇大或貶低了貨幣政策的影響。本書主要研究貨幣

政策能控製的無風險利率，分別討論無風險利率與風險利率的內在邏輯。

【重要結論】

  1. 要使自行持有現金與將現金交付保管機構保管不存在重大區別，倘若貨幣儲存者不承擔保管風險，就必須向貨幣保管者支付保管費用。因此，無風險存款名義利率應為負值，負值用以彌補現金的保管成本。

  2. 儲存貨物需要付出儲存成本，承擔儲存貨物的減值損失以及儲備過程中的保管費用，要使儲存貨幣與儲存實物不存在重大差異，則無風險存款實際利率應為負值，負值用以彌補貨物的儲存成本。

  3. 貨幣當局只能控製無風險名義利率，不能控製實際利率，建議貨幣政策實施「負利率目標制」，以彌補現金管理成本的負利率為貨幣政策操作利率，在「負利率目標制」環境下，通貨膨脹會自動做出調整，使得實際利率大約可以彌補存貨的儲存成本率。

● 負利率目標制的定義

由於負利率目標制是筆者提出的一種新理論，因此，筆者對其作歸納性的定義：負利率目標制是一種基於現金管理成本與存貨儲存成本提出的貨幣政策理論和操作規則，負利率目標制以彌補現金保管成本的負利率為目標無風險名義利率。在負利率目標制環境下，貨幣當局以在零利率基礎上扣除貨幣儲存管理成本率的負利率為目標無風險存款名義利率吸收市場資金，在獲得全額擔保的情況下以在零利率基礎上加上貨幣供給手續費成本率的正利率為目標無風險貸款名義利率向市場提供資金。不考慮貨幣政策以外的因素，負利率目標制環境下通貨膨脹率會自動做出調整，使得實際利率可以彌補存貨儲存成本率，由於存貨儲存淨成本通常大於零，因而實際利率通常為負。

為論述及讀者理解方便，如未特別說明，本書討論的負利率目標指貨幣當局吸收市場存款的無風險存款利率目標。對於負利率目標制，可以把貨幣當局理解為貨幣做市商，對市場貨幣設置買入價格與賣出價格，貨幣當局對貨幣的賣出價格應高於買入價格，獲取其中的價差收益用來彌補貨幣管理成本，負利率相當於貨幣當局對貨幣的買入價格低於面值，貨幣當局並非無限量地賣出貨幣，對賣出的貨幣需要取得全額擔保，並且賣出的貨幣要高於面值。以彌補現金保管成本的負利率為目標

一　負利率的本質

無風險名義存款利率的內在邏輯如下：由於保管現金會發生保管費用，需要支付保管所需的人工、場地、機器等成本以及可能發生的保管損失，要使自行持有現金與將現金交付保管機構保管不存在重大區別，倘若貨幣儲存者不承擔保管風險，就必須向貨幣保管者支付保管費用，因此，無風險名義利率應為負值，負值用以彌補現金的保管成本。

負利率目標制下另一個重要的指標是無風險實際利率，但貨幣政策只能操作目標無風險名義利率，而目標無風險實際利率非貨幣政策所能控製，僅作為經濟環境的觀察指標，借以分析影響存貨儲存成本等大小的各項因素。目標無風險實際利率通常為能彌補存貨儲存成本的負利率，以彌補存貨儲存成本的負利率為目標無風險實際利率的內在邏輯如下：由於儲存貨物需要付出一定的儲存成本，承擔儲存貨物的減值損失以及儲備過程中的保管費用，因此，不考慮貨幣政策無法控製的因素，目標無風險名義利率下的目標無風險實際利率為可以彌補存貨管理成本的負利率，即設定無風險名義利率為最優利率，通貨膨脹會自動做出調整，使貨幣貶值的幅度大約相當於存貨儲存成本高於現金管理成本的部分，從而使得持有貨幣與持有實物不存在重大差異。當然儲存也可能產生孳息，但由於存貨儲存的費用通常大於儲存孳息，即儲存淨成本通常大於零，因此，目標無風險實際利率通常為負利率而非正利率。

【重要結論】

　　負利率目標制是一種以彌補現金保管成本的負利率為目標無風險名義利率的貨幣政策理論和操作規則。在負利率目標制環境中，貨幣當局以在零利率基礎上扣除貨幣儲存管理成本率的負利率為目標無風險存款名義利率吸收市場資金，在獲得全額擔保的情況下以在零利率基礎上加上貨幣供給手續費成本率的正利率為目標無風險貸款名義利率向市場提供資金。不考慮貨幣政策以外的因素，負利率目標制環境下通貨膨脹會自動做出調整，使得實際利率大約可以彌補存貨儲存成本，由於存貨儲存淨成本通常大於零，因而實際利率通常為負。

二　什麼是合理的負利率

二　什麼是合理的負利率

● 無風險儲蓄的利率名義上應該是多少

　　保管現金需要付出成本，承擔現金保管期間的人工、設備、場地、毀損等費用，無風險名義利率如果合理，應保證自己持有現金與將現金存放在保管機構不存在重大區別，因此，最優的無風險名義存款利率應為負值，負值以彌補現金的保管成本。

　　過高的無風險名義存款利率使得現金儲存者不僅不承擔保管成本還可以從經濟活動中獲取一部分利潤，這顯然是不公平的財富再分配。不過，過低的無風險名義存款利率顯然也是不可行的，過低的無風險名義存款利率相當於貨幣當局收取了過高的現金管理費用或儲存成本，同樣是不公平的，公眾將更願意自己直接持有貨幣或者尋求第三方保管，從而使過低的無風險名義存款利率難以執行下去。

　　前文說過，最優的無風險名義存款利率應為負值，用以彌補現金的保管成本，顯然，這裡的負的無風險名義利率是貨幣當局作為保管機構向市場接收貨幣的利率。然而，貨幣當局作為貨幣的供給機構，對貨幣的管理是雙向的，即貨幣當局向市場接收提交保管的貨幣，也向市場出借貨幣。

　　當貨幣當局向市場出借貨幣時，貨幣當局要承擔貨幣加印、存放、出借手續等費用，且由於出借的為無風險貨幣，出借時要求提供100%

擔保，貨幣當局還需要對擔保物實施管理，因此，要彌補貨幣當局出借貨幣的保管成本，貨幣當局出借貨幣的利率應為正值，用以彌補出借貨幣的保管成本（加印、存放、出借手續等費用）。因此，關於最優的無風險名義利率的完整闡述如下：無風險名義利率如果合理，應保證自己持有現金與存放在保管機構不存在重大區別，因此，最優的無風險名義存款利率應為負值，用以彌補存入現金的保管成本；最優的無風險名義貸款利率應為正值，用以彌補貸出現金的保管成本。為讀者閱讀方便，後文不再贅述，如未特別說明，本書討論的無風險利率均指市場能從貨幣當局取得的無風險存款利率。

二　什麼是合理的負利率

● 無風險儲蓄的利率實際上應該是多少

　　保管貨物需要付出成本，承擔貨物保管期間的人工、設備、場地、毀損、變質等費用，最優的無風險實際利率如果合理，應保證持有現金與持有實物不存在重大差異，因此，最優的無風險實際利率應為負值，用以彌補貨物的保管成本。

　　儲存的最初始的目的是應對未來可能發生的危機，例如中國國家物資儲備局對資源、糧食等戰略物資的儲備，其目的並不是將儲存貨物出借賺取報酬，即使儲存貨物出借沒有任何報酬，儲存仍然也會發生，這與我們前面說過的蜜蜂、螞蟻、松鼠等動物的儲存行為沒有本質的區別。

　　儲存現金的人們實際上儲存的是現金所能購買到的一攬子實物。現金的保管成本以名義利率來彌補，實物的儲存成本則需要實際利率來彌補，即貨幣適當貶值使貶值幅度大約相當於實物儲存成本與現金保管成本的差額，從而使得儲存貨幣與儲存實物得到的最終結果基本一致，對全社會形成相對公平的分配。當現金保管成本接近零時，貨幣的貶值幅度大約彌補實物的儲存成本。重大異常衝擊可能導致實際利率與儲存成本率的偏離，但本書主要討論正常經濟環境下實際利率對儲存成本率的彌補。儘管從長期來看通貨膨脹率會做出調整，使得實際利率可以彌補儲存成本率，但從短期來看，不正常的名義利率也可能導致不正常的實

際利率。

儲存孳息大於儲存費用導致儲存淨成本為負的時候通常是比較少見的，例如雌性動物在儲存過程中發生了繁衍等。由於貨物的保管成本通常大於現金的保管成本，因此，通常無風險實際利率小於無風險名義利率，即負值的幅度更大。只有在少數狀況下，保管貨物產生的孳息大於保管費用（即保管淨成本為負時），無風險實際利率才會大於無風險名義利率，即在最優的無風險名義利率環境下出現通貨緊縮的情況。當然，最優的無風險名義利率環境下並非每時每刻通脹的上升都能正好導致儲存成本的彌補。由於市場價格圍繞自然價格波動，偶爾會發生偏離，尤其在重大衝擊發生時市場價格可能來不及及時做出調整，即雖然保管淨成本為正，當我們使用名義利率與通貨膨脹率計算的實際利率波動到貨物保管成本率以下時，也可能出現無風險實際利率大於無風險名義利率的情況，但這與「無風險實際利率彌補貨物儲存成本」的邏輯並不矛盾，且貨幣當局無法決定市場價格的波動，也無法控製貨幣政策以外的重大衝擊。

貨物的儲存成本由市場決定不由貨幣當局決定，因此，貨幣當局不能決定無風險實際利率與通貨膨脹率，只能決定無風險名義利率，但無風險名義利率會影響通脹率，後文再對此作詳細討論。

為和大家習慣上的說法保持一致，如未特別說明，本書討論的利率是名義利率而非實際利率，實際利率包括了名義利率（即現金保管成本）和通貨膨脹率（即物價上漲或貨幣相對實物貶值）兩方面的影響。

二 什麼是合理的負利率

● **有風險儲蓄的利率應該是多少**

除無風險利率不承擔本息違約的風險之外,其他資金出借均需要承擔一定的風險。貨幣當局依靠貨幣政策工具參與的應是無風險市場,因而僅僅控製無風險利率,是無法控製由市場決定的風險溢價的。不考慮貨幣政策以外的因素,貨幣當局設定無風險名義儲蓄利率為能彌補儲蓄管理成本的微低於零的水平,市場會自動調節風險溢價,使風險利率達到最優,最優的風險利率會自動調節資金的供需使其達到最優配置。

資金的供求實際上是對資金所能購買到的資本的供求,因此利息率與資本的利潤率、資產的租金率相關。資本的供求由實體經濟決定,並非貨幣當局可以控製,因此,實體經濟中的利息率並非貨幣政策可以控製。

約翰·梅納德·凱恩斯在《就業、利息和貨幣通論》中指出:「在任何一個時期內,假如某種類型的資本投資增加,則該類資本的邊際效率將隨著投資的增加而減少。其中一部分原因是因為當該類資本的供給增加時,其預期收益將下降。另一部分原因是當該類資產的產量增大時,其生產設備承受的壓力很大,因而供給價格會提高。……投資量會增加到投資曲線上的一點,在該點上一般的資本邊際效率等於現行的市場利息率。……就我自己而言,我對用貨幣政策來控製利息率的有效程

度表示懷疑。」

　　威廉・配第在《賦稅論》中指出：「關於利息，在安全沒有問題的情況下，它至少應該等於用借到的錢所能買到的土地所產生的地租；但是，在安全無法得到保證的情況下，除單純的自然利息之外還必須加上一種保險費，這時候利息就會很自然地被提高到低於本金的某個高度。無論在什麼地方和在什麼時候，都完全沒有理由去限制利息，要知道這是違背世俗習慣的，除非制定這項法律的是貸款人，而不是放貸人。但是，制定違反自然法則的民事法律是不會有任何結果的。」

　　貨幣代表著貨幣對應的貨物，貨幣借貸代表著貨幣所能購買到的資本貨物的借貸，因此，貨幣的利率離不開實體經濟本身的真實變量，貨幣當局無法決定實體經濟中的資本邊際效率，無法對市場風險利率加以控製，但貨幣當局完全可以決定自己在接收與供給貨幣時所採用的無風險名義利率。市場會在無風險名義利率之上增加一個風險溢價用以彌補本息無法支付的風險，通過溢價水平的自動調整，實現資金供求的最優配置。

二 什麼是合理的負利率

● 不合理的利率會有哪些影響

假定貨幣政策使用的不是最優無風險利率，無風險名義利率為大於零的某個正值，這就意味著現金保管者不僅不能收取保管費用，還要支付一部分利息費用。假定現金保管費與利息費由政府支付，事實上我們也通常將貨幣政策利率與國債利率視為無風險利率，由於政府本身不是生產部門，承擔保管費用與利息費用支出的資金只能向民眾徵收，而不承擔風險的現金儲存者不僅不承擔保管費用，還要從經濟活動中獲取一部分利潤，這本身就是一種不平等的收入再分配。無風險名義利率越高，這種不平等分配越嚴重。

除了過高的貨幣操作利率、過度的財政籌資利率等導致的正的無風險名義利率之外，政府對某些風險債權的隱性擔保也類似於提高無風險利率。這樣，不承擔風險的被擔保者卻能獲取高額利息。因此，隱性擔保同樣將造成不平等的收入再分配，由於政府本身不是生產部門，隱性擔保支出的資金只能向民眾徵收，這種擾亂公平的市場秩序的行為會導致投機傾向的上升、生產傾向的下降，試圖不勞而獲者能夠獲得不應有的報酬，而勞動者承擔不應承擔的損失。

假定風險水平與風險溢價不變，無風險名義利率的提高必然導致風險名義利率的提高，此時，不承擔風險、不提供勞動的人都能取得利潤，所以承擔風險的資金提供者會要求取得更高的利潤，這將會大大惡化企業和勞動者的生存環境，降低生產者的生產積極性。此外，抽走的

利潤越多，能用於生產的資金越少，生產因此會受到沉重的打擊，形成過少的貨物。過少的貨物導致通脹的上升，只有降低實際利率才能使生產者的成本得到彌補。

事實上，生產者承擔的成本必然要轉嫁到消費者身上，否則生產就無法持續進行下去。至於生產者是否有向消費者轉嫁的能力，這就不必抱懷疑態度了，因為沒有轉嫁能力的生產者會因承擔不起高成本要麼被淘汰了、要麼停產或減產了，直至產品減少到剩餘生產者有轉嫁能力為止。大衛・李嘉圖在《政治經濟學及賦稅原理》一書中指出，「除某些獨占商品因稀缺性而導致的價格變化，最終決定商品價格的是生產成本，而不像人們常說的商品價格最終是由供需比例來決定的。誠然，如果商品的供給未按需求的多少而增減，那麼供求比例可以暫時影響商品的市場價格，但這種影響只是暫時的。」薩伊在《政治經濟學》一書中指出，「我們已經看到，生產成本決定了商品所能跌落的最低價格，任何低於這一價格的價格片刻都不能維持，因為在這種情況下，生產或者完全停止，或者減少。」因此，假定我們在經濟活動中使用的不是最優利率，無風險名義利率為大於零的某個正值，資金使用者不得不承擔高於最優利率的資金成本，倘若生產者無力承擔過高的成本，必然通過提高價格的方式向消費者轉嫁。因此，倘若經濟活動中沒有足夠的利潤可供不承擔風險的資金儲存者抽取，高名義利率必然以高通脹的形式將成本轉嫁到消費者身上，以此降低實際利率使生產者過高的資金成本得到彌補，20世紀70年代的美國即是如此，常年處於高無風險名義利率的俄羅斯，無風險實際利率長期為負。

二　什麼是合理的負利率

　　亞當・斯密在《國富論》一書中指出，「當公債增大到一定程度時，我確信，它很少能得到公平公正地完全償還。國家收入上的負擔，如果說曾經有過解除，也總是通過破產解除的，有時是通過坦白承認的破產，但通常是通過實際上的破產，儘管多是虛假的還款。提高貨幣名義價值，是公債假借償還之名，行破產之實最常用的伎倆。……無論古今，所有的國家當別無他路時，往往會採取這一欺瞞下策。……我確信，所有國家鑄幣的價值都通過這種方法逐漸減到越來越低於其原來價值，同一名義金額所含的銀都通過這種方法逐漸減到比原來的含銀量越來越少。」顯然，當一國的利潤率承擔不起其過高的名義利息率時，高通脹就成了必然的結果。

　　即使無風險名義利率達到了最優，非公平正義的社會環境依然會使市場風險利率無法達到最優，亞當・斯密在《國富論》一書中指出，「一國法律上的缺陷，有時會使其利息率增高到大大超過它的貧富狀況所需要的程度。其法律如果不強制人們履行契約，那就使一切借款人所處的地位，和法制修明國家中破產者或信用不好者的地位相差不遠。出借人收回借款的不確定性，就使他索取破產者在借款時通常需要出的那麼高的利息。最低的普通利潤率，除了足夠補償投資容易遇到的意外損失之外，還須有剩餘。只有這一剩餘才是純利潤或淨利潤。普通所謂總利潤，除了包括這種剩餘以外，還包含為補償意外損失而保留的部分。借款人所能支付的利息，只與純利潤成比例。出借資金，即使相當謹慎，亦有受意外損失的可能。所以，最低的普通利息率，和最低的普通利潤率一樣，除了補償貸借容易遇到的意外損失外，還須有剩餘。」倘若公平正義得不到維護，資金出借者無法判斷借款人歸還借款的誠信程

度，這會使得具有良好信用的人不得不支付與違背信用的人同等的高風險溢價，這同樣會導致生產的減少與通脹的上升。

【重要結論】

1. 不承擔風險的現金儲存者不僅不承擔保管費用，還要從經濟活動中獲取一部分利潤，這本身就是一種不平等的收入再分配。假定風險水平與風險溢價不變，無風險利率的提高必然導致風險利率的提高，不承擔風險、不提供勞動的人卻能取得利潤，承擔風險的資金提供者要求取得的利潤將更高，這會大大惡化企業和勞動者的生存環境，降低生產者的生產積極性。

2. 生產者無力承擔過高的成本，必然通過提高價格的方式向消費者轉嫁成本。因此，倘若沒有足夠的利潤可供不承擔風險的資金儲存者抽取，高名義利率必然以高通脹的形式將成本轉嫁到消費者身上，降低實際利率使生產者過高的資金成本得到彌補。

3. 即使無風險名義利率達到了最優，非公平正義的社會環境依然會使市場風險利率無法達到最優。資金出借者無法判斷借款人歸還借款的誠信程度，這會使得具有良好信用的人不得不支付與違背信用的人同等的高風險溢價，這同樣會導致生產的減少與通脹的上升。

4. 綜上，非最優利率的影響是使資源無法達到最優配置，非最優的資源配置加重經濟結構失衡，加大產能、產品的過剩損失及勞動力的失業損失。

三　什麼是合理的通貨膨脹

三　什麼是合理的通貨膨脹

● 什麼樣的價格是合理的

　　名義價格是以貨幣表示的實物的價格，名義價格如果合理，應使持有貨幣與持有貨物之間不存在重大差異。前文已經說過，儲存物品會產生費用與損失，因此，要使持有貨幣與持有貨物之間不存在重大差異，則實物的名義價格需要上升以保證實際利率可以彌補儲存成本，此時的價格為最優的名義價格。

　　在不存在重大異常衝擊的情況下，儲存成本往往是可預見的，儘管會因為儲存場地、機器、人工等成本的不同而有所不同，但剔除季節性因素，相鄰兩期變化幅度通常不大。因此，最優價格的波動幅度也不會太大。由於在不存在重大異常衝擊的情況下，儲存成本率通常是處於小幅高於零的水平，因此，當現金管理成本接近零時，合理的名義價格的上升幅度或通貨膨脹率通常小幅高於零。通貨膨脹目標制實施的成功經驗表明，合理的通貨膨脹率通常小幅為正，後續章節將詳細闡述。

　　在存在重大異常衝擊的情況下，例如在遭遇重大異常衝擊（如戰爭、自然災害等）時，由於儲存貨物的毀損較大，儲存成本也較大，因此，我們可以看到戰後各國廣泛面對的是通貨膨脹而不是通貨緊縮。不當的貨幣政策、財政政策、金融監管等對經濟的影響類似於戰爭、自然

災害的影響，儘管其造成的經濟損失觀察起來較為困難，不如戰爭、自然災害那樣顯而易見，但同樣是實體經濟中的非正常損失，屬於本書所述的異常衝擊。儘管準確地核算貨物儲存成本相對於核算現金保管成本要難很多，因為這不僅僅是需要中央銀行核算，還需要實體經濟中各個企業參與核算，但大致還是可以核算出來的，在不存在重大異常衝擊的情況下，其變化幅度通常不大。

當然，市場價格相對自然價格常有偏離。亞當‧斯密在《國富論》一書中指出，「不論是誰，只要自己的收入來自自己的資源，他的收入就一定來自他的勞動、資本或土地。商品價格的組成部分可概括為地租、勞動工資、資本利潤，無論在什麼社會，商品價格歸根到底都分解成這三個部分或者其中之一……當任何商品的價格不多也不少，恰好足夠用以支付在生產、製造這種商品並將其送入市場所使用的土地的地租、勞動的工資和資本的利潤時（根據它們的自然比率），這種商品就可以說是按其所謂的自然價格或價值出售的。自然比率是一般的或平均的比率，可以被稱為在當時當地通行的工資、利潤和地租的自然率。……如果市場上商品量一旦超過它的有效需求，那麼它的價格的某些組成部分必定會降到自然率以下。如果下降部分為地租，地主的利益受到損害，這就會立刻促使他們撤回一部分土地；如果下降部分為工資或利潤，勞動者或雇主的利害關係也會促使他們把勞動或資本由原用途撤回一部分。於是，市場上商品量不久就會恰好足夠供應它的有效需求，價

三 什麼是合理的通貨膨脹

格中一切組成部分不久就都升到它們的自然水平，而全部價格又與自然價格一致。反之同樣成立。因此，自然價格和以往一樣是中心價格，所有商品的價格都持續不斷地向它靠攏。各種偶然事件有時使它們停留在中心價格之上，有時又迫使它們下降，甚至是略低於其中心價格。但是，不管有什麼障礙阻止它們固定在這個靜止和持續的中心價格，它們總是趨向於這個中心價格的。」同理，通貨膨脹率並不始終使得實際利率正好彌補儲存成本率，而是在彌補儲存成本率的範圍內上下波動，除重大衝擊期間市場來不及做出調整導致儲存貨幣與儲存實物的重大偏離，人們通常會在儲存貨幣與儲存實物之間做出選擇，使得儲存貨幣與儲存實物從長期來看不存在重大差異。世界各國名義利率雖相差懸殊，實際利率差異並不大，從歷史數據看，通常圍繞零小幅波動，以美國為例，除重大貨幣政策轉變時期的20世紀70年代與20世紀80年代實際利率有大的異常波動，其他時期實際利率的波動要小得多。

如果不考慮貨幣因素，物物交換，產品的供求完全由市場決定，市場機制會自動做出調節，使產品間的相對勞動量決定相對價格，使供給的產品數量最大限度適應需求的產品數量。儘管隨著技術進步等因素，不同物品生產的相對勞動量會發生改變，引起實際價格即相對價格的改變，但這種改變是合理的、漸進的、可預期的。

為了交換與儲存的方便引入了貨幣（這裡主要指信用貨幣）用以衡量貨物的名義價格，如果貨幣的供給不能像市場上其他產品的供給一

樣根據需求及時做出調整，而是發生不合理的、非漸進的、不可預期的調整，必然干擾名義價格定價規則的公平公正性與實體經濟的市場秩序。儲存物品的過去價格與現在的價格如果發生大幅波動，就造成了持有貨幣與持有實物者之間的財富再分配。如果名義價格相對彌補儲存成本的正常價格大幅下行，則對持有實物的人不利，反之，如果大幅上行，則對持有貨幣的人不利。這種財富再分配導致資源重新配置、打亂供需結構、造成結構失衡，這顯然會造成全社會混亂，同時每個人都要花費時間成本去考慮持有實物還是持有貨幣的問題，無法專注於生產性勞動，大大降低生產效率。

因此，最優的名義價格需要上升用以彌補儲存成本使持有貨幣與持有貨物之間不存在重大差異。忽略現金管理成本，不考慮異常衝擊的影響，由於儲存成本率通常小幅高於零，最優價格通常以小幅高於零的速度增長以彌補儲存成本。不過，由於實體經濟的真實變量本身是隨時間波動的，因此儲存成本率也是波動的，即使不考慮市場價格圍繞自然價格波動的因素，最優價格也是波動的。最優價格提供公平的市場環境，將對實體經濟的干擾降到最低，有利於提高經濟運行的效率，降低結構失衡損失。很顯然，名義價格由市場決定，並非貨幣當局可以控製的，貨幣當局能做的是將貨幣供給對名義價格的不當干擾降到最低。

三　什麼是合理的通貨膨脹

【重要結論】

1. 儲存物品會發生費用與損失，要使持有貨幣與持有貨物之間不存在重大差異，則實物的名義價格需要上升以彌補部分儲存成本，即最優的名義價格是使持有貨幣與持有貨物之間不存在重大差異的價格。

2. 市場價格通常圍繞自然價格上下波動，因此，通貨膨脹率的變化並不始終保證儲存成本率可以從實際利率得到彌補，而是在能彌補儲存成本率的範圍內上下波動。

● 合理的利率與合理的價格之間有著怎樣的關係

本書已闡述過，最優的名義價格需要上升以彌補儲存成本使持有貨幣與持有貨物之間不存在重大差異，但名義價格由市場決定，並非貨幣當局可以控制的，因此，貨幣當局能做的是將貨幣供給對名義價格的不當干擾降到最低。那麼，貨幣當局是如何影響名義價格的呢？要回答這一問題，首先要分析價格的決定因素。

除了因稀缺性或壟斷等因素導致供給不能及時根據需求做出調整的產品，成本是決定價格的最終因素，需求上行時，供給會相應增加，需求下行時，供給會相應減少，而名義價格會圍繞成本為中心發生波動。名義利率的提升會導致名義資金成本等的提升，因而會提升產品的名義價格。

因此，不考慮影響價格的其他因素，僅僅考慮貨幣政策所能影響的那部分，貨幣政策能控制的是貨幣供給時使用的無風險名義利率，通過控制目標無風險名義利率影響價格。因此，不考慮影響價格的其他因素，在最優利率環境下價格將達到最優，或者說貨幣政策通過控制貨幣供給的無風險名義利率實現最優價格。不過，貨幣政策能控制的只有貨幣供給活動使用的無風險名義利率，市場名義利率並非貨幣政策所能控制的。

三　什麼是合理的通貨膨脹

本書已經闡述過，最優的無風險名義利率是能彌補現金管理成本微低於零的利率，在該利率下，價格達到最優。如果貨幣政策使用的不是最優利率，如提高名義利率，必然使名義價格提高。因為生產者無力承擔過高的成本，必然通過提高價格的方式向消費者轉嫁過高的名義利率。因此，倘若沒有足夠的利潤可供不承擔風險的資金儲存者抽取，高名義利率必然以高通脹的形式將成本轉嫁到消費者身上，降低實際利率使生產者過高的資金成本得到彌補。

正因為提高名義利率會提高通脹，歷史上加息抗通脹往往在短期會帶來更為嚴重的通脹，遠不是我們所想像的加息能減少貨幣供給降低通脹。相反，執行通貨膨脹目標制成功實現低通脹的世界各國，無一例外的不是通過加息而是通過降息實現的，在低利率環境下維持了較低的通脹水平。後文我們會詳細分析加息抗通脹失敗的原因與案例。

本書已多次闡述，儲存貨物需要我們多付出一些勞動，且需要承擔儲存貨物的減值損失以及儲備過程中的保管費用，即為了儲存需要支付一定的倉儲設備、人工、發生一定的毀損等產生的費用（僅少部分儲存會產生一定的孳息），因此，長期來看無風險活期儲蓄的實際利率應為負值，負利率為貨物儲存成本率。同樣，自己保管現金與將現金存放在保管機構應不存在重大差異，存放在保管機構需要付出一定的管理成本，長期來看，最優的活期無風險名義利率略低於零，負值為保管現金的成本。儲存貨幣實際上儲存的是貨幣對應的實物，儲存貨幣與儲存實物應不存在重大差異。因此，儲存貨幣的名義本金扣除現金保管成本應

可以購買到扣除存貨儲存成本後的儲存貨物，即名義利率彌補現金管理成本，實際利率彌補存貨儲存成本，差異因素為通貨膨脹率。根據上述分析中負的實際利率、儲存成本率、通貨膨脹率三者的對應關係，筆者在此總結如下：假定不存在非正常衝擊，在設定名義利率為零或彌補現金管理成本的略低於零的水平的情況下，通貨膨脹率會自動調整，使得貨幣相對實物價值下降的損失大約等於存貨儲存成本。反過來說，在實施通貨膨脹目標制維持低通貨膨脹率彌補貨物儲存成本的環境下，無風險名義利率必然需要下降到零或彌補現金管理成本的略低於零的水平附近。儘管在本書提出基於儲存成本的負利率目標制理論前，通過低利率實現低通脹缺乏相應的理論支持，但在長期的貨幣政策操作實踐中上述論斷已得到證實，如成功實現低通貨膨脹的美國、英國、日本等國，經過長期的貨幣政策操作，無風險名義利率已經下降到零或略低於零的水平，後文我們會在闡述通貨膨脹目標制時進一步說明。

【重要結論】

1. 貨幣當局能決定的是無風險名義利率，提高利率將使組成商品價格的名義資金成本等提升，因而將提升名義價格。不考慮影響價格的貨幣政策以外的因素，貨幣當局通過實現最優的無風險名義利率達到最優價格。

三　什麼是合理的通貨膨脹

2. 假定不存在非正常衝擊，在設定無風險名義利率為零或者可以彌補現金管理成本的略低於零的負利率時，通貨膨脹率會自動調整，使得貨幣相對實物價值下降的損失大約等於扣除貨物儲存孳息後的儲存成本。反之，在實施通貨膨脹目標制維持低通貨膨脹率彌補貨物儲存成本的環境下，無風險名義利率必然下降到零或能彌補現金管理成本的略低於零的負利率附近。

• 貨幣政策的「物價穩定」目標有問題嗎

　　貨幣作為商品名義價格的衡量尺度，應保證這個尺度穩定而不是經常發生變化，就像昨天的一千克今天不會變成五百克，昨天的一米今天不會變成一厘米，或者反之。然而，貨幣作為商品名義價格的衡量尺度與長度、重量等度量衡的差別在於其他度量衡是靜態的，而貨幣度量衡是動態的。貨幣投入經濟循環中對價格形成影響是個複雜的過程，這使得在負利率目標制理論提出以前，人們始終無法找到令人信服的邏輯來說明合理的價格究竟是多少。儘管人們逐漸意識到名義價格應當穩定，但何為價格穩定始終沒有定論。穩定的名義價格是否是不變的名義價格？如果是變化的名義價格，變化率該是多少？對於這些問題，貨幣政策的物價穩定目標並不能給出滿意的答覆。從組成商品價格的三個組成部分（土地、勞動力、資本）也無法得出何為合理的價格變化。即便通貨膨脹目標制的實施，也只是在實踐中得出的經驗數值，對於何為合理的通貨膨脹率缺乏理論解釋，對於為何會得出這樣的經驗數值依然存在著眾多爭議，如何達到通貨膨脹目標也經歷了長期的實踐摸索過程。

　　理論上，如果現金的保管成本與實物的儲存成本一致，同等數量的貨幣在現在換得的貨物與在未來換得的貨物應該是一致的，即現金與實物以同樣的速度減少。不過，由於貨物的保管較現金的保管更難，比如

三　什麼是合理的通貨膨脹

貨物容易受到自然環境的腐蝕，食品容易腐爛變質，玻璃製品容易破碎毀損，等等，因此，貨物的保管成本較現金的保管成本往往要更高一些。也就是說，即使你的存款不變，隨著時間的增長這些存款換得的貨物也會越來越少，即貨幣是貶值的或者說通貨膨脹率通常是大於零的。你手裡持有的現金實際上相當於這些現金所能買到的一攬子貨物，你今天持有的貨幣能換回一千克貨物，由於貨物保存過程中保管費用的支付和保管損失的產生超過現金的保管成本，所以未來的某一天你持有同樣數量的貨幣卻只能換回少於一千克的貨物了。這種貨幣相對實物貶值的過程我們稱為通貨膨脹。有一種導致通貨膨脹率上升的因素是中央銀行加印貨幣以非公正的方式進入市場流通，參與存貨分配，對於這種情況，我們同樣將之視為儲存成本，即被以非公正的方式獲得的貨幣消費掉的存貨相當於對存貨的盜取，類似於戰爭、災難中的毀損，是一種非正常衝擊的毀損。

《通貨膨脹目標制：國際經驗》一書對究竟何為價格穩定、通貨膨脹目標具體是多少較為合理、為什麼實踐經驗表明通常為1%~3%的通脹目標更利於經濟發展等做出了可能原因的分析，但依然缺乏有信服力的論證，比如「任何通貨膨脹目標制的一個關鍵要素是，操作中價格穩定是指什麼。筆者的建議是，價格穩定應定義為略高於通貨膨脹度量偏差的一致預測（可能隨時間變化而變化）。如果我們把一個大約1%的數字作為度量偏差的最佳估計值，然後再加上另一個1%的保險幅度，我們就得到一個擬議的每年大約2%的長期通貨膨脹目標，這是一個與

全世界做法相一致的數字……但是，有人可能會問，為什麼2%的長期通貨膨脹目標要好於簡單又有零這一神奇數字的心理引力的零通貨膨脹目標呢？或者，為什麼不選擇在剔除估計度量誤差後與真實的零通貨膨脹目標一致的1%的長期通貨膨脹目標呢？我們需要一個安全幅度的原因是，把通貨膨脹目標定得過低存在嚴重的風險。這些風險，包括真實工資靈活性降低的可能性（如果削減名義工資不可行）以及如果中央銀行錯誤地引起經濟滑入通貨膨脹的反面（通貨緊縮）而可能產生的金融不穩定。1%的真實通貨膨脹目標為此類風險提供了某種保險。」

　　從《通貨膨脹目標制：國際經驗》一書的論述可以看到，價格穩定似乎可以解釋為通貨膨脹為零，然而，本書負利率目標制理論提出，儲存存貨需要付出儲存成本，最優的名義價格應使持有貨幣與持有貨物之間不存在重大差異。由於貨物儲存成本率通常大於現金管理成本率，價格穩定顯然不能理解為零通貨膨脹。

　　根據負利率目標制理論，不需要太多的思考我們應該就能想到，在一個正常的社會經濟環境下，儲存成本率是較為穩定的，因此，通貨膨脹率也應是較為穩定的。同時，由於貨物儲存成本率通常大於現金管理成本率，因此，通貨膨脹率通常大於零。因此，不考慮特殊衝擊的影響，最優價格並非為完全不變的價格，而是通常較為穩定地以小幅高於零的速度增長，增長的速度大約相當於實物的儲存成本率。當然，如果無風險名義利率不是彌補現金管理成本率，而是一個大於零的正值，很顯然，通貨膨脹率會更高。既然最優價格並非為完全不變的價格，而是

三 什麼是合理的通貨膨脹

通常穩定地以略高於零的速度增長,那麼增長的速度是否不變呢?儲存物品會發生費用與損失,這種費用與損失會隨著資源與人工成本、季節變化等發生波動,因此,最優價格既不是完全不變的價格,也不是增長變化速度完全一致的價格。不過,在不存在重大異常衝擊的情況下,儲存成本的變化是平穩的、漸進的、可預期的,變化幅度通常不大。

在正常的社會經濟環境下,由於儲存成本率的穩定,貨幣政策的物價穩定目標成立。然而,本書已提到,名義價格並不完全受貨幣政策控製。在遭遇重大異常衝擊時,大幅毀損等將導致儲存成本率的大幅上升,使持有貨幣與持有貨物之間不存在重大差異的名義價格也應上升,此時試圖通過貨幣政策穩定物價無疑會導致貨物儲存者的儲存成本得不到彌補,破壞正常的生產經營秩序。此外,即使未遭遇重大異常衝擊,受心理因素、認知能力等的影響,市場價格會圍繞自然價格波動,這也不應由貨幣政策來控製。

雖然負利率目標制理論認為並非在任何社會經濟環境下物價穩定均有利於經濟發展,然而,將貨幣政策目標定位為物價穩定目標無疑是貨幣發展長河中值得記入史冊的重大事件。在貨幣政策定位為物價穩定目標從而帶來通貨膨脹目標制的發展前,我們曾經對貨幣政策寄予了過多的厚望,諸如充分就業、經濟增長、國際收支平衡、金融穩定、物價穩定等。令人遺憾的是,貨幣終究只是貨幣,實體經濟不會因為加印很多貨幣而取得發展,不過過少的貨幣同樣不利於經濟發展,貨幣只是個交易媒介,只要這個交易媒介不經常發生異常波動造成實體經濟中的混

亂，貨幣就是個很好的、提高交易效率的工具，省去了物物交換的諸多麻煩。很顯然，倘若貨幣管理不當造成了很多混亂，也必然影響到實體經濟的運行，由於這種影響是違背實體經濟運行規律的，因而通常是負面的，我們在後續章節再詳細闡述。

【重要結論】

1. 過多或過少的貨幣都不利於經濟發展，只要貨幣這個交易媒介不經常發生異常波動造成實體經濟中的混亂，就是個很好的提高交易效率的工具，省去了物物交換的諸多麻煩。

2. 負利率目標制理論認為，最優的名義價格應使持有貨幣與持有貨物之間不存在重大差異，即最優的物價波動應使得貨幣貶值幅度可以彌補存貨儲存成本超過現金管理成本的那部分差額，因此，儘管正常社會經濟環境下儲存成本率的穩定會帶來物價的穩定，但並非任何經濟環境下物價穩定均是最優狀態。

三　什麼是合理的通貨膨脹

● 「貨幣數量論」錯在哪

　　名義價格是以貨幣表示的，因此，貨幣的變化會影響名義價格這一點毋庸置疑，然而，貨幣究竟是如何影響價格的？雖然本書已給出了明確的答案，然而，在此之前，這卻是個讓經濟學家煞費苦心的問題，最終，關於貨幣量與物價關係的公式 MV＝PY 脫穎而出，以其強大的影響力占據了主流地位。這一理論我們通常稱為貨幣數量論。迄今為止，未實施通貨膨脹目標制的國家中依然有很大部分國家的貨幣政策沿用這一公式，實施通貨膨脹目標制的國家在達成通貨膨脹目標的過程中也曾經或者正在試圖根據這一理論控製通脹。

　　儘管現代貨幣數量論指出數量理論首先是一種貨幣需求理論，不是一種產出理論、貨幣收入理論或價格水平理論，並構建了貨幣需求函數，然而，在具體到貨幣政策的建議上時，依然試圖將貨幣量 M 與產出 Y 直接對應，並以此來推算可能形成的價格水平 P。

　　現代貨幣數量論的重要代表人物之一米爾頓·弗里德曼在《最優貨幣量》一書中對最優貨幣量的研究做了重要闡述：「貨幣數量變動會產生重大而且具有可預測性的經濟影響。貨幣數量相對於產出的變動，決定長期的價格趨向。短期間貨幣數量的顯著擴張是價格膨脹的主要來源；短期間貨幣數量的顯著收縮則為產生嚴重經濟收縮的主要因素。貨

幣數量一般而言不是影響實際量長期變動的重要因素。實際量的長期變動主要取決於如經濟體系、工人品質、技術狀況、自然資源的可獲得性等基本現象。貨幣製度和政策，是決定一國及其人民的財富的基本因素。大體上說，貨幣數量的主要長期影響在於名義量，特別是絕對價格水平。在橫跨數個週期的時期，平均貨幣存量增長率，只要它是相對穩定於一個溫和的範圍內，對實際產出的增長率就不會有所影響。貨幣增長的差異反應於價格。」

經典的貨幣量與物價關係的公式 $MV=PY$ 並不總是成立，貨幣需求量不完全由產出決定，產出正向影響的主要是交易動機的資金需求，如凱恩斯所述，流動性偏好由交易動機、謹慎動機、投機動機共同影響。$MV=PY$ 尚存在不完善之處，而簡單地根據產出來決定貨幣供應量以保持價格的穩定更不合理，因為即使 $MV=PY$ 成立，貨幣流通速度 V 也會發生變化。

在世界貨幣政策發展史上甚為流行的加息抗通脹的謬誤正是貨幣數量論的不當應用，受貨幣數量決定價格這一簡單邏輯影響，試圖通過加息減少貨幣來控製通脹的做法導致了更嚴重的通脹。

貨幣數量論並不能在現實檢驗中站住腳，穩定的貨幣供給並不能帶來穩定的通脹，世界上逐步實現零或負無風險利率、低通脹的國家有一個共同的特徵，那就是貨幣供給量的波動變大了，與產出的相關性變小了，從近10年（2006—2016年）美國、日本、英國等眾多國家的數據都可以看到這一點。這與貨幣數量論中貨幣供給量與產出及價格的關係

三　什麼是合理的通貨膨脹

式大相徑庭，顯然不像弗里德曼所說的那樣。貨幣數量相對產出的變動決定價格。

米爾頓・弗里德曼所支持的控制貨幣總量的貨幣政策並非是按照產出來安排貨幣供給，而是以穩定的增長速度來安排貨幣供給。因為他認為貨幣當局的貨幣政策操作滯後，所以導致了貨幣政策操作不當的停止和開始這本身會造成經濟波動。但從長期來看，產出的增長速度同樣會維持一個穩定的增長速度，穩定的貨幣供給增長正好滿足穩定的產出增長所需要的貨幣量。結合弗里德曼其他論述也可以判斷，他是支持貨幣供給量與產出的穩定關係的。米爾頓・弗里德曼也並非不贊同貨幣政策的物價穩定目標，而是認為貨幣當局沒有能力控制物價穩定。

在《最優貨幣量》一書中他提到，「當生產者與消費者，雇主與雇員都能夠完全相信在未來平均價格水平以一種已知的方式變動——最好是高度穩定的方式，那我們的經濟體制就能運作最佳。」但弗里德曼認為，相對於貨幣總量，價格水平難以控制，對於貨幣政策應該如何實施，他認為，「第一個要求是貨幣當局應該以其所能控制而不能以其所不能控制的數量為指導。如果貨幣當局像它經常所為的那樣將利率或現行失業率作為貨幣政策的指導標準，它就會像一艘宇宙飛船那樣以一個錯誤的星球為基準。不論其指引設備如何敏感與精準，該宇宙飛船都將毀滅。貨幣當局也是如此。在許多它所能控制的各種數量中，最有吸引力的政策指導是匯率、用某個指數定義的物價水平以及貨幣總量——通貨加上已調整的活期存款，或這一總量加上商業銀行定期存款，或者更

廣義的總量。我們根本不能精確地預測一項特定的貨幣行動將對價格水平產生什麼影響，將在何時產生影響。

　　因而，由於錯誤的停止和開始，試圖直接控製價格水平將有可能使貨幣政策本身成為經濟波動的根源。或許，隨著我們對貨幣現象的理解向前推進，這一狀況將會改變。但在我們現有的理解階段，迂迴路線似乎是實現我們目標的更可靠的路徑。因此，我相信貨幣總量乃是現在可用的、最好的貨幣政策的直接指導或標準，並且我相信究竟選擇何種特定的貨幣總量相對於被選出來的那個總量並不那麼重要。」貨幣當局沒有能力控製價格水平，這與我們本書提出的負利率目標制理論一致，儘管貨幣當局通過控製無風險名義利率可以影響價格水平，但並不能完全控製價格水平。

　　貨幣政策操作滯後，不當的貨幣政策操作反而會擴大經濟的波動，這也與本書提出的負利率目標制理論一致。筆者認為貨幣需求領先於貨幣供給，貨幣需求的準確預測存在困難，因而無法準確安排符合貨幣需求的貨幣供給。正因為弗里德曼認為價格水平無法控製，根據經濟變化調整貨幣供給的措施滯後可能反而會擴大經濟波動，因此，弗里德曼提出以穩定的貨幣總量增長率作為貨幣政策目標。他指出，「……貨幣政策的第二項必備條件是貨幣當局應避免政策的劇烈搖擺。在過去，貨幣當局偶爾朝著錯誤方向採取行動，如我一再強調的大蕭條那樣的事件。更為頻繁地，他們朝著正確的方向前行，儘管常常太遲緩，而且由於走得太遠犯錯誤。太遲與太過已經是司空見慣的事了。

三　什麼是合理的通貨膨脹

筆者認為，貨幣當局應當完全同意避免這種波動，而通過公開採取某一指定的貨幣總量實現穩定增長率的政策。如同精確的貨幣總量一樣，精確的增長率較之某種指定的並已知的增長率並不那麼重要。筆者曾經讚成這樣一個增長率，即最終產出的價格水平按平均值將大致穩定，估計通貨加上商業銀行的所有存款，每年增長率要求保持在差不多3%～5%，或者只是通貨加活期存款略微低一點的增長率。

但是，假如貨幣增長率穩定，即使按平均值固定增長或會產生溫和的通貨膨脹或溫和的通貨緊縮，總會比遭受我們所經歷過的那種廣泛而無規律的擾動要好。通過設定一個穩定的路徑並堅持下去，貨幣當局就可以對促進經濟穩定做出極大的貢獻。通過使該路徑成為一個穩定但溫和的貨幣數量增長率，就可以對避免通貨膨脹或通貨緊縮做出極大的貢獻。……推行一種政策目標、一種會帶來通貨緊縮最終產品價格下降足夠多，來獲得本書中認為的完全最優的值這樣的政策是不明智的。前面章節中粗略的估計顯示，這將會要求美國價格水平每年至少下降5%，也許還要下降更多。在內部貼現率為正的世界中，急速轉換到這種情況，我推測它會有非常大的成本；一旦出現一次，偶爾或經常地超調就會非常嚴重。……一種相當接近最優的政策將可能是使持有貨幣的絕對量為常數，貨幣政策領域的很多作者在其他場合已經推薦過這種政策，尤其是亨利·西蒙斯。給定產出一年增長約3%～4%，如果貨幣的實際需求持續上升，實際收入保持過去一個世紀中的平均值，那樣的政策會使價格一年下降約3%～5%。根據某些使用更廣泛的增長模型分析，這

種政策將會與最優的資本勞動比、最優的貨幣量一致。……但是，這種政策看上去在短期內過於激烈，儘管它是很好的長期政策的目標。」

弗里德曼提出貨幣政策不應劇烈搖擺與本書提出的負利率目標制理論是一致的，然而，如何定義貨幣政策的劇烈搖擺卻是不一致的。顯然，弗里德曼在這裡所說的貨幣政策的劇烈搖擺更傾向於認為是貨幣供給量的劇烈搖擺，但負利率目標制理論認為，貨幣政策的劇烈搖擺應是指利率的劇烈搖擺，因為最終對實體經濟造成影響的是利率波動而不是貨幣供給量波動，利率的不當波動會導致實體經濟的籌資成本發生不當波動，這一點，我們在後文還會進一步闡述。

弗里德曼提出的4%~5%的穩定的貨幣總量增長率長期來看有其合理性。從長期看，假定不存在重大異常衝擊，貨幣總量的增速如果能接近產出總量的增速，長期通脹水平應能控制在較低的水平。但從短期甚至中期看並非如此，即使不考慮名義量，經濟中的實際量本身是波動的，貨幣需求也是波動的，當貨幣供給不能滿足貨幣需求的波動，就會造成貨幣供給的過剩或不足，這種過剩或不足會直接影響到生產部門生產資金的籌集以及造成通脹水平的不合理波動等。

在開放經濟中，資本在不同國家間流動，這也加大了一國貨幣需求量的波動。以美國為例，美元作為世界避險貨幣，當全球經濟風險上升時，大量避險資金流向美國，其貨幣供給量的變化與產出變化常常表現出負相關性。量化寬鬆期間的美國，M1增長速度高點達到20%，M2增長速度高點達到10%，無風險活期名義利率接近零，並未出現高的通

三　什麼是合理的通貨膨脹

脹水平，這正好與本書負利率目標制理論相一致，貨幣當局控制無風險活期利率為最優利率，通脹會自動調整到使實際利率可以彌補存貨儲存成本的水平。

此外，並非如弗里德曼所願的是，事實上，貨幣當局沒有能力準確控制貨幣供給量（這一點在後文還將詳細闡述），這一點本身就違背了弗里德曼提出的「貨幣當局應該以其所能控制而不能以其所不能控制的數量為指導」這一原則，而負利率目標制卻是遵循這一原則的，貨幣當局可以完全控制其接收與供給貨幣時使用的利率。

在本書的負利率目標制理論提出「最優價格應使持有貨幣與持有實物不存在重大差異，貨幣應適當貶值使得實際利率可以彌補實物的儲存成本」前，對於最優價格一直沒有具有說服力的理論依據。米爾頓·弗里德曼在《最優貨幣量》一書中提到，「最優價格水平，人們已經討論了至少一個世紀，但是還沒有找到確定和可證實的答案。十分有趣的是，當最優貨幣量間接地解決這一問題時，就能給出一個確定的問答。不同的是以往常規地討論強調短期的調整，而這裡側重長期的效應。」弗里德曼所指的由最優貨幣量來間接決定的價格水平，是在貨幣供給量穩定地以接近產出增長的速度增長時，所形成的穩定的近乎不變的價格水平。如他在《最優貨幣量》一書中表述的，「……我希望以保持最終產品價格不變而設計穩定的增長率增加貨幣量，我估計美國這一比率是每年4%~5%，貨幣總量定義為包括銀行之外的通貨和商業銀行所有的活期和定期存款。」然而，歷史經驗表明，貨幣供給量穩定地以接近產

出增長的速度增長並不能帶來穩定的價格水平，這我們在本書中列舉美國、日本等國的數據時做了論述。

不同於負利率目標制理論「貨物儲存將發生儲存成本，貨幣應適當貶值使實際利率彌補貨物儲存成本」的觀點，弗里德曼認為儲存是「放棄消費的成本」，由此得出貨幣應升值彌補放棄消費的成本。

弗里德曼在《最優貨幣量》一書中寫道，「現金餘額從價值增值中獲得的投資收益剛好平衡，對於每個個人來說，抵消的是放棄消費的成本，對於每家借債持有現金餘額的企業來說，抵消的是債務實際價值上升帶來的成本。……除了價格下降，另一種抵銷個人持有額外的現金餘額的顯性成本的方法是對於貨幣付出利息。就像我們前面假設的那樣，代替提高稅收而減少貨幣量取得收益，這些收益可以用來給個人持有的現金餘額發放利息，名義貨幣量保持不變。確實，在我們前面結論中價格的下降可被視為是僅有的可行的給通貨發放利息的管理方法。」弗里德曼在闡述最優貨幣量時並沒有區別無風險名義利率與有風險的名義利率，有風險的名義利率要承擔本金損失的風險，所以，需要一定的風險溢價補償。

本書已闡述過，貨幣代表貨幣對應的貨物，貨幣的供求代表貨幣對應的貨物或資本的供求，實體經濟的風險利率由市場資本借貸決定，不應由貨幣當局的貨幣政策所控製。合理的貨幣政策下，市場風險利率由資本借貸決定，貨幣當局不應干擾，弗里德曼未區分貨幣政策控製的無風險利率與市場風險利率，是導致分析結論出現偏差的重要原因。負利

三 什麼是合理的通貨膨脹

率目標制理論提出以前的貨幣政策理論認為利率並非貨幣政策可以控製的，試圖控製貨幣供給量、通貨膨脹水平，卻不直接控製利率，主要是因為未區分貨幣政策控製的無風險利率與市場風險利率，未找到無風險利率的內在邏輯，不能合理地確定貨幣政策應控製的無風險利率為多少才算合理。

此外，名義利率為正並不代表實際利率為正，當過高的名義利率超過企業利潤率的承受能力，企業必然通過提高通脹降低實際利率的方式使名義資金成本得到彌補。當然，通貨膨脹並不總是正好彌補儲存淨成本，儲存淨成本並不總是為正，這在前文已解釋過。

最後還要就貨幣數量論做出說明的是，即使弗里德曼提出的穩定的貨幣總量增長率是合理的，受商業銀行的創造貨幣功能等影響，貨幣供給量並非完全由中央銀行控製。也就是說，貨幣當局通過貨幣政策並不一定能控製貨幣總量目標。威廉·西爾伯在《力挽狂瀾：保羅·沃爾克和他改變的金融世界》一書中這樣寫道，「1975年4月至1978年9月期間，貨幣數量每年增長10%。自第二次世界大戰結束以來，貨幣供應量以這麼快的速度增長只有在1970年2月至1973年7月期間，兩者持續時間都差不多……儘管伯恩斯也在批評卡特政府的經濟政策，但他在1977年未能阻止貨幣供應量的增長，導致對經濟形成進一步的刺激，這被認為至少對當前的通脹危局負有部分責任。……阿瑟·伯恩斯一直都在告知國會……聯儲已經將貨幣總量的增速調低，以使通脹逐步平穩下滑……與此形成鮮明對照的是，實際的貨幣增速不降反升……難道他

口是心非嗎?」

伯南克等人所著的《通貨膨脹目標制：國際經驗》一書研究德國和瑞士中央銀行的貨幣供給量目標控製過程也發現，既定的貨幣供給量目標常常不能如預想的順利達成，「1979年春天，儘管沒有公開宣布，瑞士國民銀行重新回到貨幣目標。從1980年起，又重新宣布貨幣目標，但是這次瑞士國民銀行選擇更窄的貨幣總量作為目標。由於瑞士比德國經濟規模更小、開放度更高，因而對廣義貨幣的控製更具挑戰性。……在20世紀70年代和20世紀80年代期間，德意志聯邦銀行的貨幣目標有大約一半時間出現低估或者高估，在多數情況下它對高估的目標進行回調處理。它還對通貨膨脹以外的變量變化做出反應。從1975年宣布中央銀行貨幣（CBM）增長目標開始，德意志聯邦銀行就認識到中央銀行貨幣容易受到流通中的貨幣的特殊變動的影響。1977年，德意志聯邦銀行在德國馬克出現升值和經濟活動變冷後，就允許CBM的增長高於目標。當時實行目標制才2年時間，德意志聯邦銀行對此的解釋是『會有實現中間目標變量不能作為首要目標的時候』，因而承認在決策中實際部門和匯率變化的重要性。在1981年和1982年早期，由於德國馬克幣值趨軟，CBM增長比M3的增長緩慢，這種趨勢造成大量德國馬克回流和收益曲線逆轉（短期利率高於長期利率），進而造成投資組合從貨幣流入高收益的短期資產。相應地，1981年原定的4%～7%的貨幣目標出現低估。但在這期間，德意志聯邦銀行在反通貨膨脹過程中取得了一定成效，因而沒有採取措施把貨幣增長提高到目標區間。1986年

三 什麼是合理的通貨膨脹

和1987年出現了相反的情況，也就是強勢馬克和處於歷史水平的低利率，使得CBM先是增長了7.7%，然後是8%。……在貨幣需求不穩定，以及貨幣增長對目標變量的影響難於預測的情況下，就很難實現短期貨幣目標。……儘管GDP增長在1991年的下半年出現放緩，但M3的增長卻加速。在一定程度上這種加速是由於當時收益曲線出現反轉，造成定期存款強勁增長，使得銀行為了扭轉儲蓄存款外流的勢頭以具有吸引力的條件提供特別存款計劃。這是1980年年初以來收益曲線首次出現反轉。在這種情況下，德意志聯邦銀行面對著利率上漲可能提高M3的增長的不同尋常的一種情況。儘管出現高利率，但由於銀行對私人部門的貸款迅速增長，這一問題變得更突出。貸款增長一定程度上是由於聯邦政府提供的貸款補貼以及民主德國經濟和房地產部門的重組。……德意志聯邦銀行對1992年以來M3增長出現大幅波動的解釋顯示對M3的需求的變化越來越與金融資產的需求而不是與對交易仲介的需求接近。……1996年，M3增長超出德意志聯邦銀行4%~7%的目標，造成這種差距的原因是在最後一個季度，當時很多居民購買新發行的德國電信股票，影響到狹義貨幣的變化。然而很重要的是應當注意到從德國實行貨幣目標以來（CPI增長為1.4%），1996年通貨膨脹處於最低水平，德意志聯邦銀行把三個工具利率降到歷史最低水平，M3增長率甚至超過既定目標。」由於貨幣需求受到交易動機、謹慎動機、投機動機流動性偏好的影響，並非貨幣當局能準確預測的，尤其在異常衝擊到來時。

因此，給出一個確定的貨幣總量增長目標並不合理，即使貨幣總量

增長目標給定了，中央銀行也無法準確控制這一目標。而1996年德國通過降低貨幣政策工具利率，實現了較低的通脹，貨幣供給量卻偏離了目標，這與本書負利率目標制理論關於降低利率會降低資本成本從而降低價格的觀點一致。此外，觀察日本的經濟數據可以看到，20世紀90年代後的大降息，儘管M1增速曾出現大幅波動，M2、M3的增速卻處於較低的水平，可見與傳統所認為的加息減少貨幣供給量、降息增加貨幣供給量的簡單邏輯並不一致，從美國的利率變化也可以得出類似的結論。

【重要結論】

1. 穩定的貨幣供給並不能帶來穩定的通脹，世界上逐步實現零或負無風險利率、低通脹的國家有一個共同的特徵，那就是貨幣供給量的波動變大了，與產出的相關性變小了。

2. 由於貨幣需求受到交易動機、謹慎動機、投機動機流動性偏好的影響，並非貨幣當局能準確預測的，尤其異常衝擊到來時。因此，給出一個確定的貨幣總量增長目標並不合理。受商業銀行的創造貨幣功能等影響，貨幣供給量並非完全由中央銀行控製，因此，即使貨幣總量增長目標給定了，中央銀行也無法準確控製這一目標。

綜上，貨幣數量論存在兩大問題：一是中央銀行沒有能力制定滿足貨幣需求的貨幣供給量目標，二是貨幣當局通過貨幣政策無法準確實現貨幣供給量目標。

三 什麼是合理的通貨膨脹

●「加息抗通脹」的謬誤還要騙我們多久

提高利率會減少貨幣供給量，貨幣供給量少了物價就會下行，長期以來我們都被這個簡單的邏輯所欺騙，然而，加息真的能抗通脹嗎？

儘管多數經濟學家都認為通脹是一種貨幣現象，過多的貨幣追逐過少的貨物導致通脹，但歷史已無數次的證明，加息緊縮貨幣未必降通脹。本書已經闡述過，除非供給受到限制，否則，從長期看決定價格的是成本而非供求。利率通過影響組成商品成本的名義資金成本等影響名義價格，提高利率將使組成商品價格的名義資金成本提升，因而將提升名義價格，降低利率將使組成商品價格的名義資金成本下降，因而將降低名義價格，這是世界貨幣政策史上加息控製通脹與降息提高通脹都不成功的原因。執行通貨膨脹目標制成功實現低通脹的世界各國，無一例外的顯示低通脹不是通過加息實現的而是通過降息實現的，在低利率環境下維持了較低的通脹水平。

我們習慣將通脹解釋為過多的貨幣追逐過少的貨物，將控製通脹理解為控製過多的貨幣。通脹的兩個面，我們過分關注其中的一個面，即過多的貨幣，而忽視了通脹的另一個面，即過少的貨物，導致了加息控製通脹的失敗。人為地通過提高利率控製貨幣供應量導致利率水平偏離企業利潤率的承受能力，從而使得實體經濟企業原有正常的生產、投資

計劃因資金成本上升無法進行，導致風險上升及生產不足，因而形成過少的貨物。從貨幣與價格的關係看，不考慮其他因素，同等貨幣下貨物的減少會導致通脹；從利率與價格的關係看，利息成本的上升需要通過通脹的上升轉嫁給消費者。因此，不當的貨幣供給量控製不僅不能控製通脹，反而會導致更嚴重的通脹。國際貨幣政策經驗表明，通過加息緊縮貨幣抗通脹難以成功，反而會導致更嚴重的通脹。

在伯南克等人所著《通貨膨脹目標制：國際經驗》一書中是這樣描述加拿大的通貨膨脹目標制經驗的：「加拿大銀行在面對疲軟的經濟狀況時，通過運用通貨膨脹目標手段，採取放鬆貨幣條件的政策，同時相信這種放鬆貨幣的政策不會導致未來對更高通脹水平的預期。」書中舉例了加拿大在面對1991年的通脹上升壓力時並沒有提高利率，試圖使貨幣環境更寬鬆，1992年通脹下行至目標區間。從加拿大的經驗可以看到，以符合貨幣需求的貨幣供給保證企業生產的正常進行，避免人為加息提高企業的資金成本導致過少的貨物，反而可以達到控製通脹的目的。

《通貨膨脹目標制：國際經驗》也列舉了新西蘭的例子，「從1990年12月中旬開始，新西蘭儲備銀行開始允許90天銀行票據利率大幅度下降，以應付低於預期的通貨膨脹壓力，然而1991年8月，新西蘭儲備銀行對通貨膨脹正在下降的速度表示吃驚。其在1991年1月的貨幣政策聲明中，還曾經預測整體通貨膨脹在第二年12月會略高於2.5%～4.5%通貨膨脹目標的中間點。但實際上，到第二季度的6月份，通貨

膨脹率卻已經降到 2.8%。」由此可見，降息放鬆貨幣政策防止通脹過快下降並不成功。《通貨膨脹目標制：國際經驗》中同樣寫道，「由於進一步採取緊縮貨幣政策，從 1994 年 6 月到 12 月，銀行票據利率從 5.5% 上升到 9.5%。1995 年第二季度整體通貨膨脹上升迅速達到 4.6%。」這也表明，加息緊縮貨幣控製通貨膨脹率的過快上升也不成功。

利率通過影響名義資金成本等影響名義價格，提高利率將使組成商品價格的名義資金成本提升，因而將提升名義價格；降低利率將使組成商品價格的名義資金成本下降，因而將降低名義價格，這是新西蘭加息控製通脹與降息提高通脹都不成功的原因。

從上述分析可以看到，由於通貨膨脹目標制僅僅給出了通貨膨脹目標，對如何實現目標並無具體的技術方案，各國在實施過程中做出嘗試多次失敗，最終尋找到相對較為有效的實現手段。人為過度地加息或降息都會導致貨幣供給不適應貨幣需求，只會擾亂經濟秩序而不會實現通貨膨脹目標。但如本書所闡述的，通貨膨脹目標制在世界貨幣政策史上發揮了很積極的作用，各國在通貨膨脹目標制實施過程中總結出的成功經驗顯示，較為有效地實現通貨膨脹目標的手段其操作接近於本書基於儲存成本提出的負利率目標制理論，低利息下的低通貨膨脹率較好地彌補了貨物的儲存成本。不過，加息抗通脹的失敗至今為止仍然未得到人們的認識，我們再列舉貨幣政策史上幾個加息抗通脹不成功的案例。

威廉・西爾伯在《力挽狂瀾：保羅・沃爾克和他改變的金融世界》

中舉了較多美國加息控製通脹的例子，但最終都未能成功。他在書裡這樣寫道：「自從 1981 年 12 月以來，貨幣供應量大增 15%，這讓所有的委員都很吃驚，如果考慮到 1981 年中開始的深度衰退，貨幣需求應下降才對。在 1982 年 2 月 1 日這次聯邦公開市場委員會會議即將結束的時候，委員們投票決定考慮『貨幣供應量近期的上升問題』，並準備在 1982 年一季度『不再增加貨幣供應』。委員會還將聯邦基金利率提高到了 14%，而 1981 年 12 月的目標利率是 12%。」

從威廉·西爾伯上述描述可以看到，將深度衰退與貨幣需求下降直接相關聯，是因為僅考慮到與產出相關的貨幣需求，即主要考慮的是交易動機的貨幣需求。不過，他隨後又這樣寫道：「未能阻止住 20 世紀 30 年代的『大蕭條』，是美聯儲最大的失誤，之後美聯儲再次鑄成的大錯是對 20 世紀 70 年代通貨膨脹的失控。沃爾克估計此刻援引 1929 年的例子會促使聯邦公開市場委員會委員們達成共識，同意將政策導向從進攻（控製貨幣總量以抗擊通脹）轉向保守（降低利率以維護銀行體系穩定）。沃爾克是對的。在 1982 年 10 月 5 日的聯邦公開市場委員會上，委員們以 9：3 的表決結果，同意將貨幣政策目標轉向降低利率。」可見，美聯儲在實踐過程中發現加息控製通脹並不成功，反過來嘗試採取降低利率的辦法，而降低利率的措施也的確帶來了通脹的下行。

加息抗通脹的謬誤同樣在俄羅斯近年的貨幣政策執行歷史中可以看到。俄羅斯的能源經濟使得資本流入、流出受原油價格的重大影響，俄羅斯貨幣政策試圖對抗原油價格的衝擊，這使得貨幣供給不能很好地適

三　什麼是合理的通貨膨脹

應貨幣需求。俄羅斯經濟在很大程度上依賴石油出口，石油是俄羅斯政府稅收的重要來源。實際上，石油價格變化與俄羅斯盧布的匯率變化高度相關，油價下跌時資本流出俄羅斯，因而油價的下跌伴隨著盧布的貶值。

以 2014 年的盧布貶值為例，由於盧布貶值幅度過大，俄羅斯央行 2014 年 12 月 16 日連夜召開緊急會議，於莫斯科時間凌晨 1 點左右發布聲明，將關鍵利率從 10.5% 大幅上調到 17%，這是 1998 年俄羅斯債務違約以來俄央行最大幅度的加息。俄央行指出，此舉旨在阻止盧布貶值、防控通脹大幅走高風險。從俄羅斯數據可以看到，俄羅斯匯率指數從 2008 年以來與原油價格表現出很大的相關性，隨著原油價格的大幅下行，俄羅斯匯率指數也出現了大幅下行。2014 年中開始原油價格大幅下行，12 月的大幅加息後，短期國債利率顯著高於長期國債利率，工業產出增速大幅下行進入負增長階段，通貨膨脹卻大幅上行，俄羅斯匯率指數短期反彈後繼續下行。顯然，俄羅斯央行的加息未能阻止盧布的跌勢，也未能控製通脹，卻加劇了經濟的危機。

如本書負利率目標制理論所一貫強調的，要使自行持有現金與將現金交付保管機構保管不存在重大區別，倘若貨幣儲存者不承擔保管風險，就必須向貨幣保管者支付保管費用。因此，無風險名義利率應為負值，負值用以彌補現金的保管成本。儲存貨物需要付出儲存成本，承擔儲存貨物的減值損失以及儲備過程中的保管費用，要使儲存貨幣與儲存實物不存在重大差異，則實際利率應為負值，負值用以彌補貨物的儲存

成本。

　　人為地通過提高利率控製貨幣供應量導致利率水平偏離企業利潤率的承受能力，從而使企業正常的生產投資無法進行，從而形成過少的貨物，不考慮其他因素，同等貨幣下貨物的減少會導致通脹。此外，利息成本的上升需要通過通脹的上升轉嫁給消費者，因此，當生產者沒有足夠的利潤可供抽取，高名義利率最終會以高通脹的形式將成本轉嫁到消費者身上，降低實際利率使生產者過高的資金成本得到彌補。不當的貨幣供給量控製不僅不能控製通脹，反而會導致更嚴重的通脹。前文也已闡述過，通貨膨脹率自動調整使得實際利率可以彌補儲存成本率，在儲存成本率較為穩定的情況下，提高名義利率必然同時提高通貨膨脹率。高通脹與高名義利率共存的俄羅斯，實際利率長期為負，20世紀70年代和20世紀80年代美國的高通脹與高名義利率共存階段也出現過實際利率為負的情況。

　　除了從名義資金成本上升提高名義價格解釋加息控製通脹為什麼不成功，我們還可以從另一個角度來分析加息抗通脹的謬誤。之所以認為加息能抗通脹，一是認為提高利率會減少貨幣供給量，二是認為貨幣供給量少了物價就會下行，兩者結合得出加息抗通脹的結論。加息抗通脹是以加息能減少貨幣供給量為前提，而事實上，加息未必能減少貨幣供給量，上升的名義利息需要以貨幣支付，上升的名義價格同樣需要以貨幣支付。弗里德曼在《最優貨幣量》一書中提到,「歷史上高而且上升的名義利率一直與貨幣量的快速增長相聯繫，如巴西或智利或最近幾年

的美國，低而且下降的利率一直與貨幣量的緩慢增長相關，現如目前的瑞士或者 1929 至 1933 年的美國。作為一個經驗問題，低利率是貨幣政策一直緊縮的徵兆——就貨幣增長緩慢而言；高利率是貨幣政策一直寬鬆的徵兆——就貨幣量增長迅速而言。廣泛的事實經驗恰恰與金融社會和學術界的經濟學家一般認為理所當然的方向背道而馳。」不過，弗里德曼舉此例子只是想說明貨幣政策控製不了利率。除了「提高利率會減少貨幣供給量」不能成立，「貨幣供給量少了物價就會下行」也未必成立，本書已闡述過，貨幣需求受多種動機影響，貨幣量與物價的關係不是簡單的比例關係。

【重要結論】

1. 本書已經闡述過，除非供給受到限制，否則，從長期看決定價格的是成本而非供求。利率通過影響組成商品成本的名義資金成本等影響名義價格，提高利率將使組成商品價格的名義資金成本提升，因而將提升名義價格；降低利率將使組成商品價格的名義資金成本下降，因而將降低名義價格，這是世界貨幣政策史上加息控製通脹與降息提高通脹都不成功的原因。我們通過觀察世界各國較長時期以來的名義利率與通貨膨脹率數據可以很清楚地看到，名義利率與通貨膨脹率基本是表現出同向變動特徵的，名義利率提升，通貨膨脹率提升，名義利率降低，通貨膨脹率降低。

2. 人為地通過提高利率控製貨幣供應量導致利率水平偏離企業利潤率的承受能力，從而使得實體經濟企業原有正常的生產、投資計劃因資金成本上升無法進行，導致風險上升及生產不足，因而形成過少的貨物。從貨幣與價格的關係看，不考慮其他因素，同等貨幣下貨物的減少會導致通脹，從利率與價格的關係看，利息成本的上升需要通過通脹的上升轉嫁給消費者，因此，不當的貨幣供給量控製不僅不能控製通脹，反而會導致更嚴重的通脹。

3. 加息未必能減少貨幣供給量，上升的名義利息需要以貨幣支付，上升的名義價格同樣需要以貨幣支付，世界各國的降息過程也顯示，從利率與貨幣供給量的數據變化並不能得出降息導致貨幣供給量更大幅度增長的結論，「加息減少貨幣供給量」不能成立。貨幣需求受多種動機影響，貨幣量與物價的關係不是簡單的比例關係，「貨幣供給量少了物價就會下行」也未必成立。因此，加息抗通脹的結論也就不能成立。

三　什麼是合理的通貨膨脹

● 國際上盛行的「通貨膨脹目標制」有什麼缺陷

　　貨幣政策經過不斷地實踐與發展，從最初的充分就業、經濟增長、國際收支平衡、金融穩定、物價穩定等多種目標逐步向貨幣政策單一的物價穩定目標靠攏。貨幣政策目標逐步定位為物價穩定目標，從而產生了通貨膨脹目標制。

　　沿用本·S·伯南克、托馬斯·勞巴克、弗雷德里克·S·米什金、亞當·S·波森等人在《通貨膨脹目標制：國際經驗》一書中對通貨膨脹目標制的定義，通貨膨脹目標制是一個貨幣政策框架，它的主要特點是公開宣布一個或多個時限內的官方通貨膨脹的數值目標（或目標區間），同時承認穩定的低通貨膨脹是貨幣政策的首要長期目標。工業化國家相繼採取了某種形式的通貨膨脹目標制，如新西蘭、加拿大、英國、瑞典、芬蘭、以色列、西班牙和澳大利亞等。

　　1978 年的《漢弗萊——霍金斯法》（又稱《充分就業和平衡增長法》）正式將美聯儲的職責表述為充分就業和價格穩定。由參議員比爾·薩克森提出的法案（《1997 價格穩定法案》）就公開要求美聯儲採用通貨膨脹目標制。1989 年通過的《新西蘭儲備銀行法》要求新西蘭儲備銀行制定與執行貨幣政策以實現與維持價格總水平的穩定為經濟目標。作為歐洲貨幣同盟的基礎，馬斯特里赫特條約確定將價格穩定作為

歐洲中央銀行的主要目標。

通貨膨脹目標制在不斷的實踐中完善壯大，然而，通貨膨脹目標制是一種貨幣政策經驗制，通貨膨脹目標制雖然提出了以價格穩定為目標，但對這個目標設定為多少才為合理以及如何實現這個目標並無明確的理論指導與操作方案。因為通貨膨脹目標制未給出操作指導，在通貨膨脹目標制的實施過程中，要準確地達到目標很難，並且，在經濟遭遇重大異常衝擊時，常常不得不調整目標，而調整到怎樣的範圍視為合理，顯然缺乏足夠的理論依據。

伯南克等人所著《通貨膨脹目標制：國際經驗》一書指出，「在技術層面，通貨膨脹目標制並沒有給中央銀行提供一個簡單、機械的操作指導，而是要求中央銀行利用經濟的結構模型和判斷模型，以及所有它認為相關的信息，來實現價格穩定目標。換言之，儘管有一個側重的目標，通貨膨脹目標制仍在很多方面是一種什麼都考慮的策略……通貨膨脹目標制在實際操作中給決策者相當程度上的相機抉擇權……總供給衝擊，如石油價格衝擊，對採取通貨膨脹目標制的國家來說是個較為棘手的問題。一旦嚴重的供給衝擊影響經濟，使通貨膨脹接近目標可能要付出非常高昂的損失產出和就業的代價。但是，正如在本書中的案例分析所顯示的，一個設計良好的通貨膨脹目標制可以很好地應對供給衝擊。例如，大多數國家設計的通貨膨脹目標至少排除了第一輪供給衝擊的效應，如食物或能源價格上漲或上調增值稅的第一輪影響。免責條款允許中央銀行調整中期目標以應對不可預測的變化，是應對供給衝擊的另一

三　什麼是合理的通貨膨脹

種辦法。……在 1979 年石油供給衝擊後，德意志聯邦銀行設定短期目標，以逐步消除隨著時間的變化由供給衝擊造成的通貨膨脹，一直到再次實現長期通貨膨脹目標。」可見，世界各國並未找到準確實現通貨膨脹目標的有效方法。

正因為各國中央銀行意識到通貨膨脹目標難以準確實現，試圖通過對眾多影響通貨膨脹的變量的剔除來得到一個較易實現的目標，例如《通貨膨脹目標制：國際經驗》提到新西蘭「通貨膨脹目標所依據的價格指數被設計成排除了供給衝擊的首輪影響，因此測量的是基底通貨膨脹。新西蘭統計局公布消費者價格指數，該指數剔除了利率變化對生活成本的首輪影響。這一指數經過新西蘭儲備銀行的進一步修訂，剔除了來自於貿易條件變動、能源與商品價格變化、政府收費與間接稅的變化以及由一些其他有較重影響的價格變化所引起的第一輪衝擊」。然而，對消費者而言，承擔的並非剔除後的通貨膨脹而是總的通貨膨脹，且通貨膨脹的剔除本身具有人為操作的隨意性。實際上，儘管作了多種剔除，通貨膨脹目標依然無法得到準確的實現。

《通貨膨脹目標制：國際經驗》一書總結國際通貨膨脹目標制的實施經驗，多次闡述了實現通貨膨脹目標的不確定性，比如「通貨膨脹目標制實施者，對於通貨膨脹目標是應達到一個單一的點還是一個可以接受的區間，做出了不同的選擇。正如我們看到的一樣，區間目標在對經濟的衝擊做出反應方面允許有靈活性，並反應了實現通貨膨脹目標的不確定性。……為了避免這類問題，我們建議採用通貨膨脹的點目標。我

們完全認識到，通貨膨脹的控製本來就是不完美的，而且圍繞點目標的不確定性會有不可避免的區間，需要在中央銀行的分析中加以承認……」。

除了實現通貨膨脹目標的不確定性，對通貨膨脹目標的設定本身也具有隨意性，儘管人們意識到物價應該穩定，然而，何為價格穩定並無明確的理論指導，因此，通貨膨脹目標的設定僅僅是一個經驗值。

《通貨膨脹目標制國際經驗》一書指出：「根據通貨膨脹目標聲明，瑞典貨幣政策目標是『從1995年起，把消費者價格指數年增長率控製在2%以內』（Sveriges Riksbank，1994）。同所有其他採用通貨膨脹目標制國家一樣，價格穩定的操作性定義是一個高於零的謹慎的通貨膨脹率（最初的通貨膨脹目標區設定為1%~3%）。由於相關的原因，還沒有國家如『價格穩定』字面所要求的那樣，把通貨膨脹目標區間的中點定為零。即使世界上最堅定地反通貨膨脹的中央銀行之一——德意志聯邦銀行選擇的年名義通貨膨脹目標也為2%（目前為1.5%~2%）。一個根本的原理是考慮到可能出現通貨緊縮：通貨膨脹的目標取值大於零，為的是降低出現意外通貨緊縮的情況。而且經濟學家認為（儘管仍存在爭議）在通貨膨脹處於2%~3%區間時可以實現低通貨膨脹的收益，而更低的通貨膨脹水平會成為實體經濟運行的障礙。有證據表明，像德國銀行所做的，通貨膨脹大於零（但不能太高）的目標保持一段時間後，並沒有造成公眾不穩定的通貨膨脹預期或中央銀行的可信度下降。」

儘管《通貨膨脹目標制國際經驗》中對各國通貨膨脹目標區通常設定為1%~3%僅為經驗數據，尚不能給出合理的解釋，但從對各國通

三　什麼是合理的通貨膨脹

貨膨脹目標制實施經驗的總結中得出結論：略高於零的通貨膨脹率是合理的。正因為通貨膨脹目標制只給出了目標方向，未給出實現目標的具體操作手段，也未對具體的目標數值進行嚴格限定，且允許受到特殊衝擊情況下對目標數值進行調整，通貨膨脹目標制在實際操作中較大的靈活性使得各國央行在實現低通貨膨脹目標的過程中累積了很多成功經驗。

在本書提出負利率目標制理論前，儘管缺乏強有力的貨幣政策操作理論依據來實現低利率與低通脹，貨幣政策操作更多是來源於長期貨幣政策操作的經驗，但貨幣政策實踐經驗證明通貨膨脹目標制有很多成功經驗在一步步地向負利率目標制靠攏。這可以從本書提出的負利率目標制理論得到解釋。

歷史上世界各國通貨膨脹目標制的經驗值為小幅的正通貨膨脹率，通常在2%左右，而不是零通脹或負通脹。事實上，如本書負利率目標制理論所提出的，需要一個高於零的通貨膨脹率使得實際利率可以彌補儲存成本，以盡量保證持有貨幣與持有貨物不存在重大的差異。

我們在本書闡述負利率目標制理論的內在邏輯時就曾指出，儲存貨物需要付出儲存成本，因此，要使持有貨幣與持有貨物之間不存在重大差異，則實物的名義價格需要上升以彌補儲存成本，小幅為正的通貨膨脹率正好可以彌補儲存成本。低於零的通貨膨脹率由於不能彌補儲存成本，因此會對實體經濟運行造成障礙，實體企業生產過程中必然存在大量存貨，如果這些存貨的儲存成本無法得到彌補，企業生產將難以為

繼。當然，過高的通貨膨脹率也是不合理的，過高的通貨膨脹率將導致持有貨幣者的重大損失，從而降低儲蓄意願，使得投資缺乏必要的資金來源。

不過，人為限定一個固定的通貨膨脹率顯然有不合理之處，各國1%～3%的通貨膨脹目標制經驗數據常常會受到挑戰。《通貨膨脹目標制：國際經驗》一書也指出：「不論何時，要想在特定時間區內實現通貨膨脹目標低於現行的通貨膨脹水平，消除通貨膨脹的特定路徑，意味著要對可接受的通貨膨脹降低的實際經濟成本進行判斷……新西蘭儲備銀行一直很痛苦地強調，在短期內實體經濟與貨幣政策之間依然存在著聯繫，而對反通貨膨脹速度的決定是政府的選擇（而不是該行的選擇）。新西蘭儲備銀行的相關領導層的說法是：從技術水平上來看，實體經濟的狀態是對任何通貨膨脹壓力評價的重要因素。更為重要的是，在有些情況下必須要在通貨膨脹-實體經濟之間進行權衡，特別是對反通貨膨脹的速度進行決策時，反通貨膨脹的速度過快經證明給實體經濟帶來的成本太大。嚴格固守一個窄的通貨膨脹目標區可能會導致中央銀行的貨幣政策工具的運動，該運動範圍可能超出該中央銀行的預想，帶來工具以及宏觀經濟不穩定的可能性。」

通貨膨脹目標制應該說是最接近負利率目標制的貨幣政策，然而，正如本書之前章節所闡述的，最優的名義價格應使持有貨幣與持有貨物之間不存在重大差異，儲存物品會發生費用與損失，因此要使持有貨幣與持有貨物之間不存在重大差異，則實物的名義價格需要上升以彌補儲

三 什麼是合理的通貨膨脹

存成本。因此，不存在重大異常衝擊的情況下，合理的通貨膨脹率略高於零。但是，發生重大異常衝擊時，儲存成本會上升，如遭遇戰爭、自然災害時，由於儲存貨物的毀損較大，儲存成本也就較大，此時，高儲存成本率必然帶來高通貨膨脹率，不應由貨幣政策控製。人為地降低通脹將造成不公平的財富再分配擾亂正常的市場經濟秩序，導致高儲存成本率無法順利通過高通脹率轉嫁出去，從而導致部分企業的生產經營無法正常進行。高毀損率帶來高通脹率，這一點相信讀者不會有疑義，當經濟中的產品大幅減少，而居民手中持有的貨幣並未大幅減少（央行顯然不能隨意地收回居民手中的貨幣），單位貨幣能換取的產品必然減少，即貨幣相對產品貶值。

儘管通貨膨脹目標制存在種種問題，但在反覆的摸索實踐中部分國家成功地實現了低利率、低通脹，與本書負利率目標制理論有殊途同歸之處，這可以從負利率目標制理論得到很好的解釋。一方面，名義價格是用貨幣衡量的實物的價格，貨幣作為名義價格的衡量尺度如果合理，應保證這個尺度穩定而不是經常發生變化，即保持名義價格的穩定；另一方面，由於儲存實物相對儲存貨幣存在較高的儲存成本，為了保證貨幣這個衡量尺度的合理，貨幣相對實物應適度貶值（也即實物相對貨幣適度升值或名義價格適度上漲）以彌補實物較高的儲存成本。不考慮特殊衝擊的影響，最優的貨幣供給通常會形成略高於零可以彌補實物儲存成本的穩定的通貨膨脹率。這正是通貨膨脹目標制的某些實施經驗達到了負利率目標制的部分效果的原因，通貨膨脹目標制下較低的通貨膨脹

目標的設置在正常經濟環境下大約可以彌補負利率目標制理論下的貨物的儲存成本率。不過，如前所述，儘管通貨膨脹目標制的確帶來了某些類似於負利率目標制的效果，但相對於負利率目標制，依然存在眾多缺陷。

綜上，通貨膨脹目標制存在懸而未決的三大難題：①合理的通貨膨脹目標究竟是多少，為什麼實踐經驗表明通貨膨脹目標大於零通常為1%~3%更利於經濟發展；②貨幣政策如何合理地實現低通貨膨脹目標，為什麼；③重大衝擊下通貨膨脹目標無法實現的原因與應對。

負利率目標制對這三個問題的解答如下：

第一，合理的通貨膨脹目標是使實際利率能彌補存貨儲存成本的貨幣貶值目標。因為要使持有貨幣與持有實物不存在重大差異，貨幣應適當貶值彌補實物的儲存成本。由於儲存費用通常大於儲存孳息導致存貨儲存淨成本通常為正，且儲存成本率通常處於略高於零的水平，而現金管理成本通常接近零，因此，彌補儲存成本率的通貨膨脹率通常為正且為略高於零的低通脹水平。

第二，貨幣政策為實現低通脹能做的是降低貨幣政策操作的無風險名義利率，最優狀態為降至可彌補現金管理成本的微低於零的負利率水平。因為要使自己持有現金與將現金存放在保管機構不存在重大區別，無風險名義利率應為負值，負值用來彌補現金的保管成本。

第三，歷史經驗表明，總供給衝擊、能源價格衝擊等重大衝擊到來時，通貨膨脹會發生貨幣當局無法控制的波動。對此，負利率目標制理

三　什麼是合理的通貨膨脹

論認為，總供給衝擊、能源價格衝擊會導致存貨儲存成本率發生波動，通貨膨脹率需要做出調整使得實際利率大約可以彌補存貨儲存成本率。由於存貨儲存成本率不由貨幣政策所控製，因此通貨膨脹率不由貨幣政策所控製。換句話說，貨幣政策只能通過控製無風險名義資金成本來影響價格，無法控製其他影響價格的因素，因此，當戰爭、災難等大規模毀損導致資本損失或能源價格大幅上升等情況發生時，貨幣當局無法控製價格的波動。

● 貨幣政策能控製通貨膨脹嗎

　　名義價格是以貨幣表示的實物的價格,因此,討論價格離不開討論貨幣。我們在本書中已經說過,由於人們習慣將通脹解釋為過多的貨幣追逐過少的貨物,將控製通脹理解為控製過多的貨幣,忽視了通脹的另一個面,即過少的貨物,導致了加息控製通脹的失敗。同樣,由於對貨幣等名義量的過度重視而忽略了產出等實際量,通脹被過度地歸咎到貨幣政策的失敗上,這也使得通脹一發生就試圖靠貨幣政策來解決,公眾寄托的希望是如此,貨幣政策執行者的操作也是如此。

　　然而,貨幣政策只能通過控製無風險名義利率來影響價格,除此以外,貨幣政策也無能為力。正因為如此,通貨膨脹目標制實施以來從來沒有一個國家能準確地實現通貨膨脹目標,尤其重大異常衝擊發生時。

　　如本書基於儲存成本所提出的負利率目標制理論所闡述的,儲存貨物會發生儲存成本,無風險實際利率應為負值以彌補儲存成本,倘若設定無風險名義利率為零或可彌補現金管理成本的略低於零的水平,通貨膨脹會自動做出調整使得通貨膨脹率大約等於貨物儲存成本率,在遭遇重大異常衝擊時,經濟中的儲存成本率會提高,通貨膨脹率也會提高。

　　不當的貨幣政策無疑會擴大通脹,但並非像大眾所認識的一樣,加息減少貨幣就能降低通脹,降息增加貨幣就會導致通脹。如本書所一貫

強調的,最優的貨幣供給是最適應貨幣需求的貨幣供給,而不是人為憑空地決定增加或減少貨幣供給。

通脹不完全由貨幣政策決定,但不當的貨幣政策的確會導致通脹,例如人為加息提高名義利率時,資金成本需要向消費者轉嫁,只能提高通脹。此外,重大異常衝擊、財經紀律不嚴、金融市場不完善等均會導致通脹的產生,這些都不是貨幣政策能控製的,因為經濟中的損失或價格衝擊會提高儲存成本,貨幣政策無法控製實體經濟中的儲存成本。

【重要結論】

1. 由於對貨幣等名義量的過度重視而忽略了產出等實際量,通脹被過度地歸咎到貨幣政策的失敗上,這也使得通脹一發生就試圖靠貨幣政策來解決,導致了貨幣政策的不當執行。

2. 貨幣政策只能通過控製無風險名義利率影響名義資金成本進而影響名義價格,除此以外,貨幣政策也無能為力。正因為如此,通貨膨脹目標制實施以來從來沒有一個國家能準確地實現通貨膨脹目標,尤其重大異常衝擊發生時。

● 不合理的價格會有哪些影響

　　過高的頻繁定價成本無疑是非最優價格顯而易見的問題，然而，非最優價格的影響遠不止於此。在貨幣長期的使用經驗中，市場越來越意識到，儲存物品的過去價格與現在的價格如果發生大幅波動，就造成了持有貨幣與持有實物者之間的財富再分配。如果名義價格大幅下行，則對持有實物的人不利，如果名義價格大幅上行，則對持有貨幣的人不利，這種財富再分配人為導致資源重新配置，打亂供需結構造成結構失衡，這顯然會使全社會造成混亂。同時每個人都要花費時間成本去考慮持有實物還是持有貨幣的問題，無法專注於生產性勞動，大大降低生產效率。最終，貨幣政策目標越來越傾向於物價穩定。

　　米爾頓・弗里德曼在《最優貨幣量》一書中指出：「一般說來，在一個經濟週期的擴張期內，價格將會上升；而在收縮期內，價格將會下降。在經濟週期內，產量與價格趨於一致變動——兩者都是在擴張期內趨於上升，而在收縮期內趨於下降。價格變動和產量變動兩者都是週期的一部分，而且任何可能促進顯著擴張的因素，包括貨幣變動在內，都可能促進這兩者大幅度上升；反之亦然。在長時期中，一國的產出變動首先取決於可得資源、該國的工業組織、知識與技術的增長、人口增長、資本累積等一些基本要素，在這個舞臺上貨幣與價格作為配角發揮

三 什麼是合理的通貨膨脹

作用。在貨幣存量及價格變動影響問題上，一種廣為人知並且少有疑義的主張是價格方面的大幅度的突然變動不利於產量的增長，無論價格的這些變動是上升還是下降。就一個極端來說，惡性通貨膨脹期間所發生的價格上漲，嚴重地妨礙了資源的有效使用。而在另一個極端的情況下，如1920—1921年期間及1929—1933年期間所發生的價格驟減，無疑地也造成了普遍而巨大的資源浪費。只要在價格變動相對穩定，規模適度，且可以被合理地預期的情況下，價格的上漲或下降都會與快速的經濟增長相一致。雖然經濟增長的主要動力理論上是其他因素，但是在價格方向上的不可預測和反覆無常的波動顯然會干擾經濟增長與經濟穩定。」

本書提出的負利率目標制理論認為，最優名義價格應使得貨幣相對實物貶值的損失大約相當於貨物儲存成本超過現金管理成本的部分，貨幣當局應控製無風險名義利率用以彌補現金管理成本，形成最優利率，使得最優實際利率大約相當於儲存成本率。貨幣當局不當的貨幣政策轉變將使得名義利率大大偏離最優利率，從而導致名義價格不當地波動。貨幣政策轉變越急遽，實體經濟越無法及時做出調整，儘管從長期看價格會做出調整，但短期內，會造成實際利率與儲存成本率的重大偏離，從而嚴重干擾實體經濟的運行。

【重要結論】

1. 名義價格不當的波動形成的財富再分配和人為導致資源重新配置，將打亂供需結構造成結構失衡，這顯然會使全社會造成混亂，同時每個人都要花費時間成本去考慮持有實物還是持有貨幣的問題，無法專注於生產性勞動，大大降低生產效率。

2. 貨幣當局不當的貨幣政策轉變將使得名義利率大大偏離最優利率，從而導致名義價格不當波動，貨幣政策轉變越急遽，實體經濟越無法及時做出調整，儘管從長期看價格會做出調整，但短期內，會造成大量企業實際利率與儲存成本率的重大偏離，從而嚴重干擾實體經濟的運行。

四　什麼是合理的貨幣供給量

四　什麼是合理的貨幣供給量

● **需求尤其是終端需求的領先性能告訴我們什麼**

關於需求領先供給的理論，筆者在《魔法村莊》一書中做過詳細分析，為了便於讀者對本書貨幣需求領先貨幣供給觀點的理解，筆者在這裡再簡要總結和闡述一下該理論。

筆者在《魔法村莊》一書中指出：「需求領先供給的規律是市場經濟運行的基本規律，不因任何外部環境的變化而轉移，眾多經濟問題的產生均是因為違背了這一規律。企業發展不應違背經濟規律，經濟政策也不應違背經濟規律，投資同樣如此，違背經濟規律的發展會帶來更多的過剩、更大的閒置、更低的效率，違背經濟規律的投資將承擔更大的風險。使供給適應需求，是企業發展的核心，也應是經濟政策的核心。從企業的角度看，供給最大限度地適應了需求，企業就能實現自身利潤的最大化，因為有需求的產品才能銷售出去，能生產出適應需求的產品才能有產品可賣並且從中獲利。從宏觀經濟看，供給最大限度地適應了需求，意味著全社會成員的需求得到了最大限度的滿足。」

需求領先於供給表現在任一經濟領域，產品需求領先於產品供給、產能需求領先於產能供給、勞動力需求領先於勞動力供給、製度需求領先於製度供給、貨幣需求領先於貨幣供給、外匯需求領先於外匯供給。

先談產品需求領先產品供給。兩個因素導致了產品會過剩，一個因

素是經濟的週期性，即需求會發生波動；另一個因素是供給相對需求滯後，供給需要根據需求的變化來決定自身的變化，需求減速，供給不能及時減速，從而導致了產品過剩。因此，產品的嚴重過剩通常緊跟在需求從上升轉下降後。即使不考慮政策及其他外部因素的干預，市場機制調整產品供求也會出現產品過剩的情況，只是產品過剩的嚴重程度不同。資本是逐利的，任何理性的人都在企圖追逐到更多的利潤。因此，資本的逐利性，使得企業被迫生產符合市場需求的產品，而不是全憑自己的興趣，因為有需求的地方才有逐利的空間。而企業根據市場需求安排生產使得供給相對需求滯後。需求增加，供給隨之增加；而在市場需求不足、產品滯銷環境下，企業也不會自顧自地不停生產，需求減少，供給隨之減少。企業需要生產市場有需求的產品，而對需求的判斷往往基於當前可以取得的市場數據信息。企業根據當前市場需求來判斷未來供給必然存在生產的滯後性，從而導致了供給追逐著需求時而超過需求、時而低於需求。供給滯後於需求導致結構失衡，使得一種需求的供給尚未產生時，另一種供給卻已超過了有購買力的需求。由於供給的滯後性，某種產品的需求由上升轉下降時，該種產品的供給還在繼續上升，因而供給超過需求。同樣因為供給的滯後性，某種產品的需求產生時，該種產品尚未開發出來、尚未來得及生產或者生產量不足以滿足需求。企業只有將生產的產品銷售出去才能獲得收入，同時，只有當這種產品符合消費者的需求這種產品才能銷售出去。因此，企業需要不斷調整生產使產品符合市場需要，只有產品符合市場需要了，企業才能

四　什麼是合理的貨幣供給量

盈利。

要特別強調的是，需求領先於供給，而終端需求才是最領先的和最終的需求。儘管通貨膨脹目標制沒有合理的理論解釋為什麼要選擇CPI（消費者價格指數）作為衡量通貨膨脹目標的標準，而不是採用PPI或PPIRM等，但世界各國通貨膨脹目標制的成功經驗均表明通貨膨脹目標制採取的通貨膨脹目標是CPI目標。消費品才是最終被消費並影響人們生活水平的，中間品最終需要將成本加在消費品上並通過消費品價格的提高轉嫁給消費者。

產能需求領先於產能供給使得需求下降供給來不及下降，導致產能過剩或產能供需結構失衡。產品需求的變化引導產品供給的變化，進一步引導產品產能的調整。創新可能導致產能上升領先於產品上升，但並不違背需求領先供給的規律，這一點前文已經解釋過。當現有產能不足以生產出足夠的產品滿足市場所需，擴充新的產能就是必須的了。然而，正如筆者一貫所強調的，供給滯後於需求。資本從進入到取得回報有較長的一段時間，包括固定資產等的購建活動、材料的採購與產品的生產、市場開發與產品的銷售及銷售回款等需要耗費的時間。工廠的建設往往需要幾年的時間，設備的購買調試到運行也常常需要幾個月時間，在工廠建成投產之前，就可能面臨市場供需環境變化的風險，需求很可能下行，其他供給者可能同時進入，很可能形成產能的過剩。市場供需環境的變化通常包括其他競爭者的進入、需求的變化、技術的進步、消費習慣的改變等。市場供需環境一旦變化，建成投產的工廠可能

被閒置或廢棄,這種閒置或廢棄的損失是全社會資本、土地或勞動力等資源的浪費。因為已經發生的資本、土地、勞動力成本不可逆轉,閒置的設備即使不用也會發生損耗。

勞動力供給滯後於勞動力需求導致勞動力失業。從勞動力的需求看,資本的逐利性使得資本流向權益淨利率高的行業和企業,導致權益淨利率高的行業和企業加快規模擴張速度,支付更有競爭性的工資吸引勞動力的進入。勞動力同樣在追逐更高的工資水平,勞動力的逐利過程表現為向薪資較高行業的相對流動,這種流動也包括對為滿足薪資較高行業用工標準而進行的接受教育與培訓過程,以及因此而導致的教育與培訓機構所傳授的內容根據需求變化而進行的調整。勞動力的供給相對需求滯後,這種滯後不僅包括人口增減的限制,還包括教育與技能培訓的滯後。一項新的技術研究出來到使勞動者掌握需要時間,具有創新能力和掌握前沿技術的勞動力始終是不足的,除部分危險性大或不夠體面的工作使得勞動者不願意參與,傳統、成熟產業的勞動力通常是過剩的。當某個行業擴張過快時,使得該行業的勞動力不足,只能提升工資成本吸引更多人員加入,並且,可能不得不補充技能較差的勞動者來滿足所需;而當這個行業擴張過快導致過剩時,行業收縮會導致掌握該行業技術的勞動者失業,不得不轉而學習其他行業的技術,但這種學習需要時間。即使不考慮勞動力掌握技術知識所需要的時間,勞動力也是流動性較差的資源。工作崗位通常需要有一定的穩定性,因為即使具有同等的技能,新雇傭的勞動力都需要一定的瞭解適應公司文化的時間,況

四　什麼是合理的貨幣供給量

且勞動法規等制約著勞動力的流動,勞動合同有一定的期限不能隨意變更。另外,企業從培養長期穩定的員工隊伍的角度考慮,即使社會上有更適合某個崗位的人,企業也不會因此而更換現任崗位上稍遜一籌的員工,因此,勞動力很難像一般產品一樣以較好的流動性盡快實現供需的最佳搭配。

使供給與需求以最快的速度相互找到,並使供給最大限度地適應需求,是降低結構失衡損失的關鍵。政策是一種製度的供給,如筆者一貫所強調的,供給滯後於需求,因此,政策也滯後。政策的滯後導致政府對經濟的干預滯後,從而擴大經濟的波動。政策的導向會造成部分資金配置跟隨政策而偏離基本面,因而降低資本使用效率、加大結構失衡損失。本書重點討論貨幣供給,而貨幣供給相對於貨幣需求同樣具有滯後性,因而,人為使用過緊、過鬆的貨幣政策均不利於經濟的合理增長。因此,使貨幣供給適應貨幣需求是貨幣政策的關鍵。

對於產品供需、產能供需、勞動力供需,政府無須過多干預,市場機制會自動調整,使得結構失衡損失降到最低。而對於貨幣政策,由於貨幣的供給離不開貨幣當局的干預行為,因此,無法依賴市場機制完成供需調整,只能通過合理的貨幣政策使貨幣供給最能適應貨幣需求,將結構失衡損失降到最低。

【重要結論】

1. 使供給與需求以最快的速度相互找到，並使供給最大限度地適應需求，是降低結構失衡損失的關鍵。而貨幣供給相對於貨幣需求同樣具有滯後性，因而，人為使用過緊、過鬆的貨幣政策均不利於經濟的健康發展，使貨幣供給適應貨幣需求是貨幣政策的關鍵。

2. 不同於產品供需、產能供需、勞動力供需可以由市場機制自動做出調整，貨幣的供給離不開貨幣當局的干預行為，因此，無法依賴市場機制完成供需調整，只能通過合理的貨幣政策使貨幣供給最能適應貨幣需求。不考慮貨幣政策以外的因素，貨幣供給最適應貨幣需求時產出、就業也就能達到最優。

四　什麼是合理的貨幣供給量

● 合理的貨幣供給量應該是多少

　　貨幣供給何為多何為少始終沒有合理的定論，這就導致貨幣供給存在很大的人為因素。亨利‧桑頓在《大不列顛票據信用的性質和作用的探討》（通常簡稱為《大不列顛的票據信用》）一書中指出：「每一次貨幣供給的增加，在後來似乎都被證明是合理的，只要之後的經濟活動能夠隨之增長，直至達到充分就業的水平。問題的關鍵也就在這裡，這種情況會導致中央銀行在對危險毫無察覺之時過多地增加貨幣供給，而當它察覺的時候，已經太遲了。」

　　究竟什麼樣的貨幣供給量為最優貨幣供給量呢？筆者在《魔法村莊》一書中指出，「需求領先供給是無法否認的市場經濟規律，在產品市場上，企業根據觀察到的市場需求進行產品生產，通過最大限度地生產滿足市場需求的產品來獲取盈利，在政策市場上，政策作為一種製度的供給滯後於政策的需求，同樣，貨幣作為政策的一種其供給滯後於貨幣需求。儘管產品市場供給的滯後會導致產品短期的供給過剩或不足，但從長期看，市場機制能很好地做出調整，使供給緊追著需求。貨幣供給不同於一般的產品供給，貨幣的供給是一個人為決定的量，貨幣僅僅作為衡量尺度，貨幣的價格與生產貨幣的勞動量沒有關係，與自身的使用價值沒有關係，倘若不加以約束，貨幣當局可以無限量地加印貨幣。

貨幣需求也不同於一般的產品需求，倘若不加以約束，人們可以無限量地要求取得貨幣。然而，有一點是相同的，最優的產品供給是最大限度地滿足產品需求的供給，最優的貨幣供給是最大限度地滿足貨幣需求的供給，加以約束的是這裡的產品需求是有購買力的產品需求，這裡的貨幣需求是有支付能力的貨幣需求。」

綜上，政策作為一種製度的供給滯後於政策的需求，同樣，貨幣作為政策的一種其供給滯後於貨幣需求。最優的貨幣供給是最大限度地滿足貨幣需求的供給。

四　什麼是合理的貨幣供給量

● 貨幣政策究竟應該達到什麼樣的目標

　　伯南克等人所著《通貨膨脹目標制國際經驗》一書中指出，「對很多經濟學家和決策者而言，有管理的積極貨幣和財政政策似乎在任何時候都可以用來維持就業的最大化。這一美好的結果並未顯示。經濟週期在 20 世紀 60 年代並沒有像較為樂觀的行動主義政策的支持者所預測的那樣靜悄悄地結束。事實上，1973—1974 年和 1981—1982 年的經濟衰退是第二次世界大戰後最嚴重的，通貨膨脹也並未消失。在美國和很多其他國家，20 世紀 60 年代和 20 世紀 70 年代的行動主義貨幣政策不僅沒有帶來其所保證的好處，反而助長了通貨膨脹壓力的產生，這種壓力只能在付出高昂的經濟成本後才會減緩。」

　　貨幣政策的目標包括最終目標、仲介目標和操作目標。這裡討論的是最終目標。傳統貨幣政策理論認為，中央銀行貨幣政策的實施，經過一定的傳導過程，影響一國經濟的實際領域，達到既定的目標，這就是貨幣政策的目標，又稱貨幣政策的最終目標。貨幣政策的目標一般可概括為穩定物價、充分就業、經濟增長、國際收支平衡、金融穩定等。在本書提出的負利率目標制理論下，貨幣政策的目標不是人為干預實體經濟去達到某種目標，而是將貨幣的供給對實體經濟的干擾降到最低，使實體經濟能沿著自身的軌道發展。貨幣政策以滿足貨幣需求為目標，不

再是通貨膨脹目標制下的物價穩定目標，更不會擔任充分就業、經濟增長等重任。

如前所述，最優的貨幣供給量是最大限度地滿足有支付能力的貨幣需求的供給量，因此，在本書提出的負利率目標制理論下，貨幣政策的目標是使貨幣供給滿足貨幣需求。

既然貨幣供給的目標是滿足貨幣需求，那麼，貨幣需求又是多少呢？前文已經說過，需求領先於供給，貨幣需求是領先的，我們難以事先做出準確預測。

凱恩斯在《就業、利息和貨幣通論》中指出，「貨幣資金需求由流動性偏好決定。流動性偏好是一種潛在的可能性或一種函數關係，當利息率為已知時，它決定著公眾所願意持有的貨幣量。流動性偏好的理由可以劃分為三類：交易動機、謹慎動機和投機動機。交易動機，即需要現金，以便個人或業務上進行當前交易之用。企業經常得到收入，也經常發生支出，但兩者不可能同步同量。當收入多於支出時，形成現金置存；當收入少於支出時，需要借入現金。企業必須維持適當的現金餘額，才能使業務活動正常地進行下去。謹慎動機，也稱預防動機，即希望保證有一部分資產與未來的現金等價。由於這種動機所持有的貨幣，是為了防止意外的支出或遇到偶然有利的購買機會。企業有時會出現意想不到的開支，現金流量的不確定性越大，預防性現金的數額也就應越大；反之，企業現金流量的可預測性強，預防性現金數額則可小些。此外，預防性現金數額還與企業的借款能力有關，如果企業能夠很容易地

四　什麼是合理的貨幣供給量

隨時借到短期資金,也可以減少預防性現金的數額;若非如此,則應擴大預防性現金額。投機動機,指置存現金用於不尋常的購買機會,即認為自己比市場中一般人更清楚地知道未來所要發生的一切,並想從中牟利,比如在適當時機購入價格有利的股票和其他有價證券等。當然,除了金融和投資公司外,一般地講,其他企業專為投機性需要而特殊置存現金的不多。前兩種動機即交易動機與謹慎動機的強弱均部分地取決於需要現金時以某種暫時借貸的方式取得現金的代價和可靠性,尤其是銀行透支或類似透支方式的代價和可靠性。因為當實際需要現金時,可以沒有任何困難地立刻得到現金,那也就沒有保持現時不用的現金的必要了。這兩種動機的強弱程度,也取決於我們持有現金的相對成本。如果持有現款的代價是放棄對有利可圖的資產的購買,那麼就會增加成本,削弱持有一定量現款的動機。如果存款可以生息,或者持有現金可以避免給銀行付費,那麼成本就會減少,動機就會較強。」

從上述論述可以看到,貨幣需求的難以預測性顯而易見,既然無法統計出貨幣需求的具體金額,又如何能使貨幣供給最大限度地滿足貨幣需求呢?這就需要我們在後文進一步提出最優的貨幣政策操作。

綜上,最優貨幣政策目標是使貨幣供給滿足貨幣需求,貨幣需求的數量難以具體預測,因此,不應制定具體的貨幣供給量來滿足貨幣需求,而應通過合理的貨幣政策工具及操作實現貨幣供給最大限度地適應貨幣需求。

● 貨幣政策目標該如何實現

傳統教科書對於貨幣政策仲介目標的解釋如下：「中央銀行在執行貨幣政策時，用貨幣政策工具首先影響利率或貨幣供給量等貨幣變量。通過這些變量的變動，中央銀行的政策工具間接地影響產出、就業、物價和國際收支等最終目標變量。因此，利率或貨幣供給量等貨幣變量被稱為貨幣政策仲介目標。」

負利率目標制理論認為，貨幣政策的目標是使貨幣供給滿足貨幣需求。要使貨幣供給滿足貨幣需求必須通過達成特定的仲介目標來實現。然而，我們在之前的章節中已經分析過，貨幣需求量難以預測，沿用凱恩斯在《就業、利息和貨幣通論》中提出的理論，貨幣的需求包括交易動機、謹慎動機、投機動機的需求，充分考慮到這些需求的變化才能合理安排貨幣供應量的變化。由於謹慎動機、投機動機的需求較難預測，所以貨幣供應量調控的難度上升。況且，就像對於產品需求的預測存在困難，即使僅僅是交易動機的資金需求，也無法做到準確預測。歷史經驗表明，根據產出增長率安排貨幣供給量增長率的貨幣供給量調控措施是失敗的，作為實現最優貨幣供給量的貨幣政策仲介目標，利率調控效果好於貨幣供給量調控，因此發達國家率先放棄貨幣供給量調控而轉向利率調控。

四　什麼是合理的貨幣供給量

受 MV=PY 的經典理論影響，傳統的貨幣供給量調控主要考慮產出，即交易動機的貨幣需求，這導致貨幣供給與貨幣需求的不相適應。由於未充分考慮到三種動機（交易動機、謹慎動機、投機動機）的貨幣需求，片面重視產出變化對貨幣需求的影響，導致了根據產出增長率安排貨幣供給量增長率的貨幣供給量調控措施失敗。因此，儘管本書提出的負利率目標制理論認為，最優的貨幣供給量是最適應貨幣需求的供給量，但貨幣需求量較難衡量，無法給出具體的貨幣供給量以適應貨幣需求，以貨幣供給量為仲介目標難以達到最優貨幣供給。從歷史數據看，以低通脹、低無風險名義利率取得經濟良好運行的國家，無不表現出貨幣供給量變化與產出變化的相關性越來越不重要，貨幣供給量大幅波動或大大偏離產出，並未對產出造成明顯的可觀察的不利影響，也並未帶來通貨膨脹的大幅波動或推升通貨膨脹至高位。

以美國為例，1984 年以前，貨幣供應量增速與經濟增速表現出很大的正相關性，然而 1970—1981 年名義利率與 CPI 背離經濟增速而行並出現高通脹。1984 年以後，美國貨幣供應量增速與經濟增速走向基本相反，貨幣供應量增速波動幅度遠超工業生產指數的波動幅度，但並沒有發生嚴重的通脹，相反逐步穩定至低通脹低利率水平，而名義利率、CPI 與經濟增速同向波動。貨幣供給量變化與工業生產指數的變化高度正相關的俄羅斯，卻常常遭遇高名義利率與高通脹的困擾。

由於利率是交易動機、謹慎動機、投機動機需求等共同作用的結果，因此，利率的綜合性更強。歷史經驗也表明，貨幣供應量調控的結

果並不理想，而利率調控的效果更好，各國央行逐漸放棄貨幣供給量調控而轉向利率調控。實施通貨膨脹目標制的國家，其貨幣政策仲介目標是利率調控而非貨幣供給量調控。美國20世紀80年代後貨幣政策從貨幣增長目標制轉向利率目標制，貨幣供給更好地適應了貨幣需求。我們在最優利率分析中已提出最優無風險名義利率的概念，形成最優無風險名義利率的貨幣供給量為最優的貨幣供給量，相對於貨幣供給量調控，利率調控更有據可依。

1982年美聯儲宣布不再特別強調實行貨幣增長目標制，轉而更重視利率目標制。1994年美聯儲主席格林斯潘指出，美聯儲將放棄以貨幣供應量的增減對經濟實行宏觀調控的做法，今後將以調控實際利率作為經濟調控的主要手段。威廉·西爾伯在《力挽狂瀾：保羅·沃爾克和他改變的金融世界》一書中這樣寫道：「對貨幣需求穩定性的擔憂促使美聯儲不再盯住貨幣總量指標，但沃爾克希望把政策變化的影響降到最低。在1979年10月至1982年10月期間，沃爾克把盯住貨幣總量作為聯邦公開市場委員會的決策指南，因為貨幣總量關乎遏制通脹預期的信譽問題。但在此之前，他實際上是用一只眼睛盯住利率，另一只眼睛盯住貨幣供應量，且必要時以貨幣供應量為主。當通脹已經得到控製，且貨幣供應量統計數據的問題又很多，沃爾克可以迴歸『常態』了，也就是說更密切地關注利率水平。既然沃爾克已經不再需要貨幣總量這根拐棍來支撐信譽度，也就沒必要再突出強調貨幣供應量了。」

我們可以看到從貨幣增長目標制轉向利率目標制後美國貨幣供應量

四　什麼是合理的貨幣供給量

的變化與經濟增速變化的關係發生了顯著的變化，20世紀80年代以前貨幣供應量的變化與經濟增速的變化基本同向，20世紀80年代後，貨幣供應量的變化與經濟增速的變化基本反向。此外，20世紀80年代以前，利率與CPI高度相關並大幅波動，與經濟增速變化甚至呈現出較大的反向關係。20世紀80年代以後，利率與CPI降至低位且波動幅度顯著下降，與經濟增速基本同向。顯然，20世紀80年代以後的貨幣供應量是更適應貨幣需求的貨幣供應量。

美國貨幣供應量變化與經濟增速變化呈反向關係卻更適應貨幣需求，似乎不太好理解。實際上，貨幣的需求包括交易動機、謹慎動機、投機動機的需求。隨經濟增速變化的貨幣供應量主要反應交易動機的需求變化，而美元作為世界避險貨幣，世界經濟下行時，大量資金流入美國避險，這使得對美元的需求量變化與經濟增速變化是呈反向關係的。而20世紀80年代以前採取的貨幣增長目標制使得貨幣供應量的變化與經濟增速的變化方向一致，未能對沖避險資金等的流動，貨幣供應量與貨幣需求量呈反向關係變化，加大了經濟波動，造成了利率與CPI的大幅波動。由於利率是交易動機、謹慎動機、投機動機的需求共同作用的結果，因此，20世紀80年代以後的利率目標制的實施使得貨幣供應量兼顧了交易動機、謹慎動機、投機動機的需求，貨幣供應量與經濟增速變化呈反向關係，卻更適應貨幣需求。

貨幣政策仲介目標的發展經歷了曲折的歷程，弗里德曼的現代貨幣數量論並不能在現實檢驗中站住腳，穩定的貨幣供給並不能帶來穩定的

通脹，時至今日，依然有很多國家採用貨幣供給量作為貨幣政策仲介目標。已放棄貨幣供給量目標並啟用利率目標的國家，對於何為最優利率從來不曾明確定義過。

【重要結論】

1. 貨幣政策的最終目標是使貨幣供給滿足貨幣需求，由於貨幣需求無法準確預測，以貨幣供給量為仲介目標難以達到最優貨幣供給。

2. 貨幣政策只能控製經濟中的名義量，無法控製經濟中的實際量，經濟中的實際量由實體經濟運行狀況決定。

3. 貨幣政策只能控製經濟中的無風險利率，無法控製風險利率，風險水平與風險偏好受實體經濟運行狀況與資金需求者的風險判斷、心理因素等影響。

4. 最優的貨幣政策仲介目標為無風險名義利率目標，通過控製無風險名義利率目標實現最優的無風險名義利率達到最優貨幣供給。

四　什麼是合理的貨幣供給量

● 實現貨幣政策目標的貨幣政策工具有哪些

　　貨幣供給與貨幣需求的適應不僅包括量的適應，還包括供給措施即供給政策工具與操作方法的適應。最優的貨幣政策工具應保障貨幣的供給過程以公開公平的方式進行，不應使貨幣供給過程形成人為的財富再分配。此外，貨幣供給要適應貨幣需求，就要保證貨幣需求者隨時可以通過合適的貨幣政策工具存取或借貸相應的貨幣，提高貨幣供求過程的效率。當然，由於中央銀行供給的貨幣為無風險貨幣，因此，貸出貨幣應獲得充分擔保，在獲得充分擔保的情況下，中央銀行不應拒絕貨幣的供給。

　　目前，美聯儲使用的主要的貨幣政策工具包括公開市場操作、貼現率、法定準備金、法定準備金與超額準備金利率、隔夜反向回購協議、定期存款工具等。中國使用的主要的貨幣政策工具有公開市場操作、存款準備金政策與製度、中央銀行貸款、利率政策、常備借貸便利、中期借貸便利、抵押補充貸款等。無論政策工具叫什麼名稱，操作過程的公開公平最重要。

　　中國貨幣政策承擔了較多「產出」「就業」等方面的責任，因此，中國有較多針對不同領域、產業的貨幣政策工具，例如抵押補充貸款。為貫徹落實國務院第 43 次常務會議精神，支持國家開發銀行加大對

「棚戶區改造」重點項目的信貸支持力度，2014年4月，中國人民銀行創設抵押補充貸款（Pledged Supplemental Lending，PSL）為開發性金融支持棚改提供長期穩定、成本適當的資金來源。抵押補充貸款的主要功能是支持國民經濟重點領域、薄弱環節和社會事業發展而對金融機構提供的期限較長的大額融資。抵押補充貸款採取質押方式發放，合格抵押品包括高等級債券資產和優質信貸資產。

【重要結論】

> 1. 最優貨幣政策工具應保障貨幣的供給過程以公開公平的方式進行，不應使貨幣供給過程形成人為的財富再分配。
>
> 2. 貨幣供給要適應貨幣需求，就要保證貨幣需求者隨時可以通過合適的貨幣政策工具存取或借貸相應的貨幣，提高貨幣供求過程的效率。

四　什麼是合理的貨幣供給量

- **負利率目標制的完美接近者：**
2008年金融危機後美聯儲的零利率目標

即使擁有了最優的貨幣政策工具，對這些工具的操作同樣會影響到貨幣政策的效果。我們無法準確地得知具體的貨幣需求量是多少，因此，也無法以具體的貨幣供給量去滿足需求，但我們可以通過控製貨幣供給進入經濟的程序來達到以供給滿足需求的目的。要使貨幣供給滿足貨幣需求，只需要保證貨幣供給在實現仲介目標的前提下將貨幣公平地準確無誤地提供給真實有效的需求者，且保證支付出去的貨幣不存在違約風險即可。

貨幣當局向經濟中注入貨幣，如何保證注入的貨幣最大限度地滿足了貨幣需求，而且是有支付能力的貨幣需求呢？

首先，貨幣當局作為貨幣管理機構必然發生貨幣的管理成本，因此，為了保證貨幣需求方提交的是真實有效的貨幣需求，貨幣政策供給貨幣的利息率應比市場利息率高，高出的幅度用來彌補貨幣當局供給貨幣時產生的成本或手續費，這也保證了貨幣需求方願意支付管理成本或手續費取得貨幣，而不會在市場上存在套利機會。

其次，貨幣當局的貨幣供給行為不同於市場投資行為，不能承擔市場風險，因此，提供的貨幣應是無風險貨幣，取得無風險名義利率及收

取貨幣提供過程產生的手續費，同時要求貨幣需求方提交的貨幣需求是有支付能力的貨幣需求，避免沒有償還能力的貨幣需求者惡意取得資金，擴大經濟中的風險，為保證這一點，貨幣需求方在向貨幣當局取得貨幣時應提供全額擔保。

最後，如本書論述最優無風險名義利率時所闡述過的，無風險名義利率如果合理，應保證自己持有現金與存放在保管機構不存在重大區別，因此，最優無風險名義存款利率應為負值，負值用以彌補存入現金的保管成本；最優無風險名義貸款利率應為正值，正值用以彌補貸出現金的管理成本。最後一條實際上包括了前兩條的內容。當然，貨幣政策操作必須做到公開公平，公開公平適用於所有政策領域，不再反覆重申。

從國際貨幣政策操作經驗看，美聯儲的現行貨幣政策操作基本滿足了以上條件。在成功的貨幣政策操作下，美國經濟達到了零無風險名義利率下的低通脹，與本書負利率目標制理論所達成的目標基本一致。儘管美國並未對外宣稱其貨幣政策為零利率目標制，但實際上，其貨幣政策文件已明確將聯邦基金目標利率設定為零利率。

美聯儲關於公開市場操作的政策描述中指出：自2008年末美國聯邦公開市場委員會將聯邦基金利率設定為接近零的目標範圍。

美聯儲關於貼現率的政策描述中指出：一級信貸利率設置高於通常水平的短期市場利率。同時指出，所有貼現窗口貸款都擔保充分。

美聯儲關於法定準備金與超額準備金利率的政策描述中指出：通過調整超額準備金利率調整聯邦基金利率到目標範圍。

四　什麼是合理的貨幣供給量

美聯儲關於隔夜回購的政策描述中指出：使用隔夜逆回購作為補充工具幫助控製聯邦基金利率保持在聯邦公開市場委員會設定的目標範圍。

筆者在前文中指出，最優貨幣政策操作應滿足的條件之一是貨幣政策供給貨幣的利息率應比市場利息率高，高出的幅度用來彌補中央銀行的供給貨幣時所產生的成本或手續費，也即使用最優無風險名義貸款利率向市場提供貨幣。從美聯儲的貼現率政策規定一級信貸利率設置高於通常水平的短期市場利率可以看到，美聯儲是遵循這一規則的，美聯儲需要收取一定手續費用以彌補實施貸款操作時產生的人力、系統、設施等成本，手續費率的設置也使得存款機構僅在迫切需要貨幣時才向美聯儲貼現，而不會存在市場套利機會。

筆者在前文中指出，最優貨幣政策操作應滿足的條件之二是貨幣政策供給的貨幣為無風險貨幣，應取得貨幣需求者的全額擔保。從美聯儲的貼現率政策規定所有貼現窗口貸款都擔保充分可以看到，美聯儲同樣是遵循這一規則的。

前文中指出，最優貨幣政策操作應滿足的條件之三是最優貨幣政策操作的利率目標為最優無風險名義利率。貨幣政策能操作的是名義利率而非實際利率。對於貨幣政策操作的名義利率，儘管美聯儲沒有將其設定為負利率，但已將其設定為接近零的目標範圍。公開市場操作的目標利率是貨幣政策或政府的債務利率，即無風險名義存款利率而非貸款利率。本書前文已經說過，保管現金需要付出保管成本，因此無風險名義利率應為負值以彌補保管成本。現金的保管成本相對於現金總量而言通

常是一個接近零的極低的比例，而這個比例中央銀行可以通過核算自身真實發生的保管成本計算出來。美聯儲接近零的無風險名義利率目標與負利率目標制的目標已經非常趨同。

本書多次提到，最優的無風險活期儲蓄的實際利率應為負值，負值用以彌補貨物儲存成本。在實施通貨膨脹目標制維持低通貨膨脹率時，通脹率大約為貨物儲存成本，無風險活期儲蓄名義利率接近零，反之，在不受到重大非正常衝擊及財政支出合理適度的情況下，設定無風險活期儲蓄的名義利率為零時，通脹率自動調整到能彌補貨物儲存成本的低通脹水平。2008年後，美國聯邦公開市場委員會設定聯邦基金目標利率為接近零的利率，通過公開市場操作實現。2014年貨幣政策正常化後，使用準備金利率、隔夜回購等的政策目標均為使聯邦基金目標利率保持在接近零的範圍。2008年後，美國實行了一系列貨幣寬鬆政策，將目標利率下降到接近零的水平，貨幣供給量大幅增長，而在此期間，美國並未出現嚴重的通脹。

【重要結論】

最優貨幣政策操作應滿足以下條件：①貨幣政策供給貨幣的利息率應比市場利息率高，高出的幅度用來彌補中央銀行的供給貨幣時所產生的成本或手續費；②貨幣政策供給的貨幣為無風險貨幣，應取得貨幣需求者的全額擔保；③最優貨幣政策操作的利率目標為最優無風險名義利率。

四 什麼是合理的貨幣供給量

● 貨幣供給是怎麼影響價格的

　　貨幣供給包括供給量與供給措施。筆者一直強調需求領先於供給、供給應最大限度地適應需求的思想。貨幣的供給同樣如此，貨幣的供給應最大限度與貨幣需求相適應。簡言之，貨幣的供給應適應貨幣的需求，最適應貨幣需求的貨幣供給為最優貨幣供給。

　　貨幣並不僅僅代表貨幣本身，更重要的是代表著用貨幣交換的商品的名義價格。既然名義價格是以貨幣表示的，貨幣的變化必然影響價格。然而，我們在最優價格的分析中指出，最優的名義價格應使持有貨幣與持有貨物之間不存在重大差異，儲存物品會發生費用與損失，因此要使持有貨幣與持有貨物之間不存在重大差異，則實物的名義價格需要上升用以彌補儲存成本。由於儲存成本由實體經濟的運行決定，並非單純由貨幣可以決定的，因此，貨幣政策只能控製貨幣供給過程引起的那部分價格變化。對此，我們可以總結為，在不考慮經濟中的其他影響因素時，貨幣供給達到最優時必然形成最優的價格。

　　不同經濟環境下的儲存成本會存在差異，尤其是重大異常衝擊到來時，可能形成大的存貨毀損因而提高儲存成本。此時，能彌補儲存成本的較高的名義價格上升幅度或貨幣貶值幅度才是合理的，即高毀損率本應帶來高通脹率，倘若貨幣當局試圖大幅減少貨幣供給強行使通貨膨脹

接近低通脹目標，這就意味著必然造成不公平的財富再分配，破壞實體經濟本來的平衡關係。

由於儲存成本由實體經濟的運行決定，並非單純由貨幣可以決定的，因此，貨幣政策能決定的僅僅是貨幣供給達到最優時的價格變化。在不考慮經濟中的其他影響因素時，貨幣供給達到最優時必然形成最優的價格。

四　什麼是合理的貨幣供給量

● 貨幣供給是怎麼影響利率的

　　貨幣供求不僅僅反應貨幣自身的供求關係，更重要的是反應用貨幣可以購買到的資本的供求關係，資本的供求由市場決定，因此貨幣的供求也應由市場決定，但貨幣不同於一般產品，可通過市場供求自行調整。貨幣供給同時受貨幣當局的影響，貨幣當局提供多少貨幣、如何提供均由貨幣當局決策者決定，決策是否合理影響著貨幣供給是否合理。

　　貨幣供給如果合理，應不干擾實體經濟的正常運行，貨幣供求的利率應反應資本供求的利率。貨幣政策除了能決定由國家信用保證的無風險利率外，無法決定其他個人或團體的風險溢價，這裡將國家信用保證假定為無風險，儘管一國公債常有負擔太重無法實際履行償還義務的時候，且最終通過貨幣貶值假借償還之名行破產之實，但這種償還方式下名義本金不變，只是實際購買力下降，而貨幣政策能控製的是無風險名義利率，因此這裡主要考慮名義本金的無風險。貨幣當局設定最優的無風險儲蓄利率後，風險溢價應由市場決定。影響風險利率的因素眾多，並非貨幣政策所能控製，因此，在不考慮其他因素時，貨幣的供給與貨幣的需求相適應將形成最優的利率。

　　不考慮其他因素時，當貨幣供給達到最優，應能形成最優無風險名義利率，反過來同樣成立，當貨幣政策合理控製利率目標達到最優的無

風險名義利率時，貨幣供給量將達到最優。最優貨幣供給量的多少由貨幣需求量決定，而貨幣需求量無法準確統計，因此，貨幣政策應控製的是最優利率而不是貨幣供給量，貨幣當局可以通過控製利率來控製向經濟中注入的貨幣量。

我們在最優利率的分析中指出，儲存貨物需要我們多付出一些勞動，承擔儲存貨物的減值損失以及儲備過程中產生的保管費用，從長期看無風險活期儲蓄的實際利率應為負值。不考慮非正常衝擊時，在設定無風險名義利率為零或圍繞零窄幅波動的一個區間的情況下，通貨膨脹率會自動調整，使得貨幣相對實物價值下降的損失大約等於扣除儲存孳息後產生的儲存成本。

不考慮其他因素，當貨幣供給達到最優，應能形成最優無風險名義利率，反過來同樣成立，當貨幣當局合理控製利率目標達到最優的無風險名義利率，貨幣供給量將達到最優。

四 什麼是合理的貨幣供給量

● 不合理的貨幣供給將帶來怎樣的影響：
貨幣供給是如何掠奪你的財富的

貨幣供給何為多何為少始終沒有定論，然而在貨幣政策長期的實踐過程中的確感覺到了不當的貨幣政策帶來的種種經濟問題。即使不存在貨幣，實體經濟也會沿著自身的規律運行，而貨幣的存在，使得交易的效率大大提高。最優的貨幣供給應使人們充分感受到經濟中交易摩擦成本降低的便利，而不會感受到貨幣帶來的混亂。

任何領域的供求失衡都會帶來損失，產品與產能市場的供求失衡導致產品與產能的閒置，從而在未充分使用的情況下因自然損耗或技術落後變得無法使用而不得不廢棄，但貨幣的供求失衡不是貨幣的閒置與自然損耗導致的。由於貨幣代表貨幣所能購買到的貨物，不當的貨幣供給等同於人為實施財富的再分配，也就是說，不當貨幣供給對產品市場的影響是通過財富再分配，人為改變現有資源配置狀態來達到的，貨幣供給對貨幣需求的偏離越大，這種人為改變越大，通常造成的結構失衡損失越大。在最優貨幣供求狀態下，貨幣的供給與貨幣的需求相適應，貨幣基本不影響產品市場供求。

貨幣本身是個名義量，我們稱之為一分或者一元，其本身對經濟並無影響。從長期看，貨幣的多少似乎並不重要，因為貨幣與商品間的比

例關係發生變化只是單位貨幣代表的商品價值發生了變化，或者說相對於商品而言是貨幣自身的價格發生了變化，但商品間的相對價格維持穩定。但從短期看，不合理的貨幣供應存在很大的問題，因為不同投資者手裡持有的貨幣或商品間的比例相差懸殊，若貨幣相對商品的價格上升，則對持有貨幣的人有利，對持有商品的人不利，若貨幣相對商品的價格下降，則相反，即對持有商品的人有利，對持有貨幣的人不利。這種人為的財富再分配可能導致嚴重違背按勞分配的市場規則，使更多的人不得不把注意力和精力從實體經濟的勞動中轉移到財富管理甚至投機中，否則辛苦勞作取得的果實可能付之一炬；這種人為的財富再分配可能導致資本投資的方向嚴重違背實體經濟的市場規律，導致更大的結構失衡。這種財富再分配發生得越劇烈，帶來的恐慌與錯亂越大，越不利於實體經濟的順利進行。綜上，貨幣供給不當之所以會影響經濟，主要是因為貨幣供給並非等比例地提高所有人的貨幣量與所有商品的名義價格，在通過某種方式注入貨幣時，可能導致違背公平的市場原則，因獲得貨幣者的成本過高或過低而形成財富再分配，擾亂市場秩序。

物品儲存必然有損壞、變質、落後、淘汰，即貶值，而且受儲存期限、儲存條件、儲存費用、技術進步等的影響。每個人在按當期收入安排他們的消費時，未考慮未來可能發生的減值，而未來的減值需要減少全社會的福利來彌補。貨幣供給與貨幣需求不能順利地相互找到將降低貨幣供求效率從而降低資本配置效率，形成更多閒置資產的減值。人為對貨幣供求包括利率實施不當干預將加重貨幣供給結構與需求結構的不

四　什麼是合理的貨幣供給量

匹配，進一步造成實體經濟產品與產能結構的不匹配，形成結構失衡損失。貨幣供求是貨幣所代表的資本的供求，去除貨幣供求的製度阻礙，使貨幣供給與貨幣需求更好地相互匹配，有利於降低結構失衡損失，提高資源配置效率。

不當的貨幣刺激或緊縮導致貨幣的供給過量或不足，與需求不相適應，從而降低經濟效率。倘若試圖控製貨幣供給量，與貨幣需求不相適應的貨幣緊縮抗通脹只會導致更嚴重的通脹，非最優價格形成的財富再分配將擾亂經濟秩序，不利於經濟效率的提高。人為貨幣緊縮抗通脹導致利率的人為提高，從而導致企業正常生產所需資金成本提高以及部分生產因資金成本過高而停止。一方面，人為的加息緊縮貨幣導致利率上升，利率上升導致資金的成本上升，以上升的資金成本生產的產品價格上升。另一方面，人為的加息控製通脹導致人為提升企業的資金成本，部分企業因生產成本過高而被迫停止，導致產品供給不足，形成過少的貨物，導致通脹的產生。資金成本提高及產品供給不足會推升價格，使得貨幣緊縮抗通脹不但不能降低價格反而抬升價格。貨幣政策實施歷史表明，通常通過提高利息試圖緊縮貨幣控製過多的貨幣，以達到控製通脹的目的，但未能奏效。

倘若試圖實施貨幣刺激，人為的貨幣刺激將導致貨幣的供給過量，與需求不相適應。當某一領域因產品與產能的過剩導致盈利能力下降與資金緊張時，人為加大對這一領域的貨幣刺激會導致生產與產能的進一步擴張，從而加重產品與產能的過剩。產品的供求通過價格體現，貨幣

的供求通過利率體現，貨幣的供求實際上代表的是貨幣能購買到的實物的供求。因此，正如貨幣代表的是貨幣背後的商品的價值，利率代表的是利率背後的產品利潤率或商品租金，利率與利潤率、租金率的關係維持穩定。當新的技術尚未開發出來，現有技術下有購買力的需求已得到滿足，經濟必然需要等待，貨幣刺激之所以能帶來經濟增長是通過財富再分配的方式，使原來生產過剩無法取得盈利的企業能繼續生產更多的過剩產品，原來沒有購買力的需求變得可以購買這些產品。如此一來，資源繼續配置到過剩部門而不是能滿足潛在的有購買力需求的創新產品的供給部門。然而，以貨幣刺激的方式提高對現有技術下生產產品的需求不可能一直持續下去，因為僅僅產生現有財富的再分配而不是真正意義上的財富增加。

亞當·斯密認為，公共部門不應該干預市場，而應該致力於保護市民、建立司法公正，以及承擔一些特定的工作，像發展教育、運輸系統和監管票據信用等。亞當·斯密在《國富論》一書中指出：「我從來不知道那些人為了公共利益而進行政府干預會帶來什麼好處。」

政府注入貨幣緩解危機並不能真正解決危機，而是使危機延後，而且危機到來時可能更為嚴峻。貨幣刺激造成現有供需環境下的財富再分配，因為貨幣的財富再分配功能將儲蓄者的財富轉移給面臨債務危機的企業，使面臨債務危機的企業形成錯覺，繼續生產與產能的擴張，從而導致更大的過剩。雖然短期內受財富再分配影響，危機中的企業重新得以運轉起來，閒置的產能得以利用，員工重回崗位就業，帶來了經濟增

四　什麼是合理的貨幣供給量

長，但可能存在大量無效的增長。當太多的資源被用來生產某一種產品，其他產品的生產就會不足，貨幣刺激或財政刺激帶來的短期經濟增長可能加劇這種狀況，此時就會導致部分產品供給更為過剩、不足產品更為不足，加重結構失衡損失，導致經濟中過剩產品的毀損增加，從而提高儲存成本加重通貨膨脹。因此，貨幣的刺激短期內的確有可能提高就業與經濟增長，然而，就業與經濟的增長是通過大量的無效就業與無效增長實現的。

亨利·桑頓在《大不列顛的票據信用》中指出：「如果經濟已處於充分就業的狀態，貨幣供給的增加將導致通貨膨脹；如果還沒有達到充分就業，那麼，增加貨幣供給只會促進經濟增長。」不過他同時指出：「每一次貨幣供給的增加，在後來似乎都被證明是合理的，只要之後的經濟活動能夠隨之增長，直至達到充分就業的水平。問題的關鍵也就在這裡，這種情況會導致中央銀行在對危險毫無察覺之時過多地增加貨幣供給，而當它察覺的時候，已經太遲了。」如本書所述，人為加息緊縮貨幣導致名義利率過高時，降低利率使其更適應貨幣需求無疑有利於經濟增長，但在貨幣供給已經較為適應貨幣需求時，或貨幣供給結構已經較為適應貨幣需求結構時，人為貨幣刺激導致的經濟增長可能存在大量為生產過剩產品與產能的無效增長，貨幣刺激導致的就業增加可能存在大量生產過剩的產品與產能的無效就業。

【重要結論】

    1. 不當貨幣政策對產品市場的影響是通過財富再分配人為改變現有資源配置狀態來達到的，在最優貨幣供給狀態下，貨幣不影響產品市場供求，貨幣的存在僅僅作為衡量尺度，產品市場如同在不使用貨幣狀態下一樣沿著自身軌道運行。最優的貨幣供給使人們充分感受到經濟中交易摩擦成本降低的便利，而不會感受到貨幣帶來的混亂。

    2. 與貨幣需求不相適應的貨幣緊縮抗通脹只會導致更嚴重的通脹，一方面，人為的加息緊縮貨幣導致利率上升，利率上升導致資金的成本上升，以上升的資金成本生產的產品價格上升。另一方面，人為的加息控製通脹導致人為提升企業的資金成本，部分企業因生產成本的突然過高而被迫停止，導致產品供給不足，形成過少的貨物，過少的貨物導致通脹的產生。

    3. 貨幣刺激導致的經濟增長可能存在大量為生產過剩產品與產能的無效增長，貨幣刺激導致的就業增加可能存在大量生產過剩的產品與產能的無效就業。

五　世界各國貨幣政策案例及數據驗證

• 美國的 QE 為什麼不會導致通脹

迄今為止，儘管美國並未將貨幣政策定義為通貨膨脹目標制，貨幣政策目標也非單一的物價穩定目標，但美國制定了明確的通貨膨脹目標以及估計了最大就業率目標，並盡量達成通貨膨脹目標與就業率目標。但由於貨幣政策能決定的主要是通貨膨脹目標而非就業率目標，因此，實際上，現有貨幣政策設定通貨膨脹目標為美聯儲的主要目標，以美聯儲 2016 年 6 月的貨幣政策報告描述為例，「聯邦公開市場操作委員會堅定地致力於促進充分就業、物價穩定、溫和的長期利率，……通脹率、失業率、長期利率隨時間波動順應經濟與金融波動，貨幣政策行動影響經濟活動與價格有一定滯後，因此，委員會政策決定反應長期目標、中期展望和風險平衡評估，包括金融系統風險可能阻礙委員會目標的達成。……長期看通脹率基本由貨幣政策決定，因此委員會有能力指定一個長期的通脹目標。委員會判斷通脹率為 2%，通脹率以消費者價格指數為依據測定，從長期看與美聯儲的法定職責最一致。美聯儲會關注是否通脹率持續高於或低於目標。……最大就業水平主要由影響勞動市場結構與動力的非貨幣因素決定，這些因素隨時間而改變且不能直接衡量，不適於指定一個固定的就業率目標……在貨幣政策的設置中，委員會尋求減少通貨膨脹與就業率相對通脹目標與估計最高就業水平的偏

離。這些目標通常是互補的，在委員會判斷這些目標不互補的情況下，考慮目標偏離的幅度與時間平衡地推進這些目標。」

美聯儲現有貨幣政策的實施使得無風險名義利率下降到零附近並且維持了較低的通脹水平，這與本書負利率目標制理論正好相符合。利率的下降降低組成價格的資本成本與利潤，因而降低通脹，無風險名義利率下降到零或彌補現金管理成本的略低於零的水平，通貨膨脹自動調整到大約可以彌補存貨儲存成本的水平，很顯然，正常經濟環境下，儲存成本率是一個較低的水平，因而通脹也是一個較低的水平。

美國是可取得的歷史經濟數據相對較長且較為完善的國家，同時作為世界大國其重要性舉足輕重。美國是世界重要的資金避險國，同時是最大的原油進口國。從美國歷史數據看多數情況下經濟增速、就業率、利率、CPI 表現出較大的正相關性，但 1984 年以前，貨幣供應量增速與經濟增速表現出很大的正相關性，1984 年以後，卻表現出很大的負相關性。而 1970—1981 年，美國名義利率與 CPI 背離經濟增速而行，這期間包括美聯儲主席阿瑟・伯恩斯任職期（1970 年 2 月至 1978 年 1 月 31 日）、威廉・米勒短暫的任職期（1978 年 3 月至 1979 年 8 月 6 日）以及保羅・沃爾克任職期（1979 年 8 月 6 日至 1987 年 8 月 11 日）的早期。1984 年以後，利率、CPI 與經濟增速較為正相關，與貨幣供應量增速較為負相關，通脹得到控制。

在開放經濟中，資本在不同國家間流動，這也加大了一國貨幣需求量的波動。1984 年以後美國貨幣供給量與工業產出表現出負相關性卻

更能適應需求，主要受美元的國際避險地位影響。從美國的匯率變動可以看到，不同於原油出口國俄羅斯、加拿大等國匯率與原油價格的同向關係，美國是世界重要的原油進口國，2000年以後美元指數與原油價格表現出顯著的反向關係。2008年後量化寬鬆的貨幣政策（Quantitative Easing，簡稱QE）大規模實施，M1增長速度高點達到20%，M2增長速度高點達到10%，無風險活期名義利率接近零，如此大幅的貨幣供給量增幅與降息並未出現高的通脹水平，可見貨幣供給量的多少並不重要，重要的是貨幣供給是否適應貨幣需求。

回顧美國QE的實施過程，2008年11月美聯儲首次公布將購買機構債和MBS，被認為是首輪量化寬鬆的開始。在2009年2月發布的貨幣政策報告中，美聯儲的闡述如下：「自2007年夏天以來，美聯儲對危機做出了強有力的回應。直到去年年中，美國聯邦公開市場委員會（FOMC）下調聯邦基金利率325個基點。由於經濟疲軟和金融動盪擴散跡象在下半年愈演愈烈，FOMC繼續大幅放寬貨幣政策。在十二月會議上，委員會建立了聯邦基金利率0到百分之0.25的目標範圍，經濟狀況可能需要聯邦基金利率在一段時間內維持非常低的水平。此外，美聯儲在2008下半年採取了多項措施，……美聯儲十一月宣布計劃購買機構擔保抵押貸款支持證券和機構債務。這些舉措已導致美聯儲資產負債表規模顯著擴大，聯邦公開市場委員會表示，由於公開市場操作和支持金融市場與在一個非常低的短期利率環境為經濟提供額外刺激的其他措施，預計資產負債表規模一段時間內將維持高水平。」

從 2010 年 11 月至 2011 年二季度末 6000 億美元的長期國債購買計劃則被認為是美國的第二輪量化寬鬆。在 2011 年 3 月發布的貨幣政策報告中，美聯儲的闡述如下：「2010 年 11 月，為提供進一步的政策支持經濟復甦，聯邦公開市場委員會宣布意圖到 2011 第二季度末另外購買 6000 億美元長期國債。在 2010 下半年和 2011 年初，美聯儲維持聯邦基金利率的目標範圍 0 至百分之 0.25，重申其預期的經濟條件，包括資源利用率低、抑制通脹趨勢、穩定的通貨膨脹預期，可能更長時間令長期聯邦基金利率維持非常低的水平。」在 2013 年 2 月發布的貨幣政策報告中，可以看到美聯儲新一輪的量化寬鬆：「2012 年 9 月委員會宣布，將開始購買額外的機構擔保的抵押貸款支持證券（MBS）每月 400 億美元。12 月委員會宣布，除了繼續機構 MBS 購買，將初步按每月 450 億美元的速度購買長期國債。」QE 期間美聯儲的貨幣政策主要是降低無風險名義利率刺激經濟增長與就業率提升，系列貨幣寬鬆政策的實施使得聯邦基金利率下降到零附近並且得以維持。接近零的無風險活期名義利率與低通脹並存的狀態正好與本書負利率目標制理論相一致，貨幣政策控製無風險活期利率為最優利率，通脹會自動調整到實際利率可以彌補存貨儲存成本的水平。不過，筆者認為，超過負利率目標制實施範圍的債券購買行為還有待商榷。

長期以來，貨幣供應量增速不超過產出增長率就不會發生通脹的思想幾乎達成了共識。盯住貨幣供應量而不是盯住利率的貨幣政策目標導致了貨幣的供給遠遠偏離需求。貨幣的需求具有較難預測的特徵，凱恩斯在《就業、利息和貨幣通論》中指出：「貨幣資金需求由流動性偏好

決定。流動性偏好是一種潛在的可能性或一種函數關係，當利息率為已知時，它決定著公眾所願意持有的貨幣量。流動性偏好的理由可以劃分為三類：交易動機、謹慎動機和投機動機。」產出主要影響的是交易動機資金需求，僅考慮產出的貨幣供給量不能充分考慮到謹慎動機與投機動機需求的影響。因此，我們可以看到，1984年以後，由於美元的國際貨幣地位，受避險資金的流入流出影響等，美國貨幣供應量增速大幅波動，與經濟增速走向基本相反，但並沒有發生嚴重的通脹，可見美國1984年以後貨幣供給與貨幣需求是相適應的。

然而，美國貨幣政策的發展也經歷了曲折的過程。1984年以前，在貨幣供應量增速與經濟增速同樣表現出正相關性的情況下，為何1970—1981年利率與CPI會背離經濟增速而行並出現高通脹，這與當時環境的變化有很大關係。1969—1982年是考驗貨幣政策的一段特殊的時期，1969年、1973—1974年、1980年聯邦基金利率大幅高於1年期國債利率，皆是因為控製貨幣供應量所致。1969—1982年貨幣供應量增速與經濟增速走勢正相關，利率走勢與經濟增速走勢表現出一定的負相關性。1982年後不再控製貨幣供應量增速，貨幣供應量增速大幅波動，1987年M1增速達到17%，而1989年甚至出現負增長。

1971年《史密森協定》後美元與黃金掛鉤的體制名存實亡。黃金的美元價格大幅上行，即美元相對黃金貶值，1980年是黃金美元價格的高點也是美國CPI的高點。美元脫離黃金的名義錨後向其本來的價值迴歸本是正常經濟現象，但實際上，黃金迎來的是一輪非理性的上漲，美元相對黃金的貶值幅度遠遠超過了其應有的限度。1970—1981年美

元指數整體上是下行的。美國國際收支頭寸數據顯示美國持有的黃金資產占美國海外資產比例上行、外國持有的美元資產占美國海外資產及外國在美國持有的資產比例下行。美國黃金資產占官方儲備資產的比例也顯著上升。在棄美元購黃金的背景下，美聯儲實施了一系列加息措施，有很大一部分時期聯邦基金利率顯著高於10年期國債利率。1982年以後，聯邦基金利率相對10年期國債利率大幅下降。

威廉‧西爾伯在《力挽狂瀾：保羅‧沃爾克和他改變的金融世界》一書中這樣寫道：「美國承諾用1盎司黃金兌換35美元的價格贖回美元，構成了世界支付體系的基礎。這一體制創建於1944年7月在新罕布什爾州布雷頓森林召開的為期三週的國際會議。在長達四分之一個世紀裡，《布雷頓森林協定》成為國際金融領域的『大憲章』，直至1971年8月解體……對通脹最簡單的解釋——過多的貨幣追逐過少的貨物——說出了長期的事實真相。如果沒有錢，人們就無法購物，而人們不購物，價格就不會上漲。自1965年以來的10年，美國貨幣供應量的增速是之前10年的2倍，相應的結果就是物價飆升。通脹率由低轉高的拐點事件，就是1965年3月約翰遜總統簽署了取消銀行儲備與黃金掛鈎的法案……自從1981年12月以來，貨幣供應量大增15%，這讓所有的委員都很吃驚，如果考慮到1981年中開始的深度衰退，貨幣需求應下降才對。在1982年2月1日這次聯邦公開市場委員會會議即將結束的時候，委員們投票決定考慮『貨幣供應量近期的上升問題』，並準備在1982年一季度『不再增加貨幣供應』。委員會還將聯邦基金利率提高到了14%，而1981年12月的目標利率是12%。」從威廉‧西爾伯上述

描述可以看到，將深度衰退與貨幣需求下降直接相關聯，是因為僅考慮到與產出相關的貨幣需求，即主要考慮的是交易動機的貨幣需求。人為地通過加息來控製貨幣供應量，使得1982年2月的聯邦基金利率是遠高於1年期國債利率的。

布雷頓森林體系的解體導致黃金價格的大幅上行對通脹的衝擊類似於原油價格大幅波動對通脹的衝擊，大宗商品的波動非一國所能控製，更非貨幣當局所能控製，而對於大宗商品價格波動導致的通脹上升，不當的貨幣政策應對反而更加大了通脹的波動幅度。1944年7月，美國邀請參加籌建聯合國的44國政府的代表在美國布雷頓森林簽訂了《布雷頓森林協議》，根據布雷頓森林體系，美元直接與黃金掛鉤，各國貨幣則與美元掛鉤，並可按35美元一盎司的官價向美國兌換黃金。1965年3月約翰遜總統簽署了取消銀行儲備與黃金掛鉤的法案，1968年黃金的價格大幅上升，1969年3月10日達到43.83美元，此後黃金價格下行，1970年1月重回35美元。1971年史密森協定後美元與黃金掛鉤的體制名存實亡。

布雷頓森林體系解體後，1971—1981年10年間經歷了兩輪大的黃金價格上行，通脹的波動與黃金價格的波動表現出很大的同向變動特徵，當時日本的通脹也與黃金價格的波動表現出同向變動特徵。面對黃金價格的上行導致的投機動機上行時，美國當時的貨幣供給過於關注產出而未充分關注到其他動機的資金需求變化，因而導致了貨幣供給與貨幣需求的不相適應。而面對通脹的上行又試圖加息控製通脹，由於名義利率的上升需要通過商品名義價格的上升來轉嫁，同時不當的大幅加息導致了實體經濟無法及時做出調整，造成生產投資的減少，導致了通脹

更大幅度的上行。大宗商品價格的大幅上升導致儲存成本上升，儲存成本的上升需要通脹上升來彌補使得持有貨幣與持有實物不存在重大差異；或者換句話說，貨幣政策只能通過控製無風險名義資金成本影響價格，不能控製影響價格的其他因素，大宗商品價格上升導致的價格上漲不應由一國貨幣政策控製。因此，大宗商品價格衝擊導致的通脹上升會導致通貨膨脹目標無法實現，貨幣政策只有控製無風險名義利率目標，使貨幣供給適應貨幣需求才能將實體經濟中的損失降到最低，控製貨幣供給量或是控製通貨膨脹目標都不是最佳的解決方案。貨幣需求包括交易動機、謹慎動機、投機動機三種，雖然貨幣當局可以控製自身的貨幣供給，但不能控製貨幣需求出於哪種動機，黃金的投機行為也並非一國貨幣當局使用貨幣政策工具可以控製的。

【重要結論】

20世紀80年代以後，尤其2008年金融危機以後實施QE期間，美國的貨幣供給量大幅波動，遠遠偏離經濟增速，無風險名義利率逐漸下降到零附近，但並未出現過高的通貨膨脹。如本書負利率目標制理論所提出的，貨幣政策對通脹的影響主要是通過調整無風險名義利率來進行的，不考慮貨幣政策以外的因素，提高利率會提高通脹，降低利率會降低通脹，貨幣政策以最優無風險名義利率供給貨幣使貨幣供給量達到最優，與貨幣供給量的多少關係不大，重要的是貨幣供給是否適應貨幣需求。

五　世界各國貨幣政策案例及數據驗證

● 俄羅斯央行為什麼不能實現貨幣政策目標

2000年以來的俄羅斯貨幣政策相關數據顯示，除了特殊貨幣政策時期，俄羅斯的名義回購利率穩定在6%左右的水平。儘管過高的名義利率會導致不當的財富再分配，不利於實體經濟的運行，但由於貨幣政策的穩定，對實體經濟的短期衝擊並不顯著。由於俄羅斯經濟並沒有能力承擔如此高的利息成本，高的利息成本穩定地通過提高消費品的價格向消費者轉嫁，因此，這一過高的名義利率基準提升了俄羅斯整體的通脹水平，使得俄羅斯長期以來CPI同比數據的中位數維持在10%左右的高位。也正因為上述原因，儘管俄羅斯有著高的無風險名義利率，但無風險實際利率長期為負。

2000年以來俄羅斯有兩次特殊的貨幣政策操作，一次是2007—2010年，另一次是2014—2016年，分別經歷了一輪加息至降息的完整過程。上述兩個階段利率水平與通脹水平的走勢均表現出很大的正相關性，進一步印證了本書關於名義利率的提高將提高名義資金成本進而會提高通脹水平的論述。

2007年初，俄羅斯原油價格大幅上行導致了通脹水平因資源成本提升而上升。根據負利率目標制理論，世界能源衝擊非一國所能控製，能源價格提升導致通脹的提升屬於正常現象，無須對由此導致的通脹進

行人為控製。然而，俄羅斯提高了回購利率導致了通脹水平的更大上升。2008年7月開始原油價格大幅下行，為防止資本外流遏制盧布貶值，俄羅斯大幅提高了回購利率，由於回購利率的大幅提高，儘管原油價格大幅下行，但俄羅斯的通脹水平一直維持在高位。2009年初原油價格由下跌轉向上行，回購利率下行向非特殊貨幣政策時期的6%靠攏，由於名義利率的大幅下行，儘管原油價格上行、工業生產指數增速上行，但通貨膨脹水平大幅下行。2010年7月後，回購利率下降到6%左右的水平並在較長一段時期內維持穩定。受原油價格水平上升的影響，通脹水平儘管出現了上升但由於未受到加息衝擊的影響，通脹水平的上升幅度較2008年與2014年加息期間要低得多。

2014年的原油價格下行與2008年的原油價格下行類似，俄羅斯關鍵利率的大幅提升導致了通脹水平的大幅上升，而俄羅斯匯率指數依然隨原油價格的下行而下行。2014年12月16日，俄羅斯央行發布通知，將關鍵利率從10.5%大幅上調到17%，並表示此舉旨在阻止盧布貶值、防控通脹大幅走高風險。2014年12月的大幅加息後，短期國債利率顯著高於長期國債利率，工業產出增速大幅下行進入負增長階段，通貨膨脹卻大幅上行，俄羅斯匯率指數短期反彈後繼續下行。顯然，俄羅斯央行的加息未能阻止盧布的跌勢，也未能控製通脹，卻加劇了經濟的危機。在俄羅斯央行2014年的年度報告中，對此次重要的貨幣政策決策進行了較為詳細的分析，從分析結論看，俄羅斯央行並未意識到現行貨幣政策理論的邏輯錯誤，而將貨幣政策目標未能達成歸結為不可預見的

外部因素，報告的相關表述為「廣泛範圍的產品和服務價格的加速增長主要由於盧布的貶值和經濟的高不確定性，加大經濟實體通脹預期壓力與達成中期通脹目標風險。在這種情況下，俄羅斯央行自 2014 年 3 月以來分六次共提高關鍵利率 11.50 個百分點，2014 年 12 月 16 日，關鍵利率提升了 6.50 個百分點達到 17%。事實上 2014 年的消費價格增長加速主要是由不可預見的外部因素造成的，關鍵利率變化的貨幣政策對價格波動的影響有 12 至 18 個月的時滯，2014 年通脹下降到 5% 的目標是不可能的。」

儘管俄羅斯常年處於高的通脹水平，不同於部分執行通貨膨脹目標制國家的低利率與低通脹環境，但實際上，俄羅斯的貨幣政策執行的是通貨膨脹目標制，還以 2014 年俄羅斯央行的年度報告為例，對於貨幣政策目標的闡述為「俄羅斯央行貨幣政策的主要目標是實現價格穩定，價格穩定被理解為實現和維持穩定的低通貨膨脹率，這對保證經濟的平衡和可持續增長至關重要。國家貨幣政策指引制訂的 2014、2015 及 2016 年的通脹目標為 5%。」本書說過，由於通貨膨脹目標制僅僅是一個以低通脹為目標的貨幣政策框架，對於如何實現低通脹、實現怎樣的低通脹並沒有明確的理論與操作規則，這就導致了世界各國在通貨膨脹目標制的執行過程中出現了眾多違背經濟規律的操作，造成了不必要的經濟損失。

人為地大幅提高利率控製貨幣供應量導致利率水平短期嚴重偏離企業利潤率的承受能力，從而使企業正常的生產投資無法進行，導致風險

上升及生產不足，從而形成過少的貨物，過量的貨幣發行無疑會導致通脹，然而貨物的過度減少同樣會導致通脹，我們在前文已對此問題做過深度剖析，這裡不再贅述。

俄羅斯的能源經濟使得資本流入流出受原油價格的影響重大，油價下跌時資本流出俄羅斯，因而油價的下跌伴隨著盧布的貶值。經濟危機或油價大跌時，資本流出俄羅斯，俄羅斯貨幣當局試圖通過加息緊縮貨幣來防控通脹或防止資本流出，名義利率的突然提升短期導致企業資金成本的大幅上升，使得部分企業的生產與投資無法正常進行，導致生產的下降，繼續生產的企業需要通過提高產品價格的方式將資金成本轉嫁給消費者，反而推高了通脹。2008 年 6 月至 2008 年 12 月、2014 年 6 月至 2014 年 12 月是 2000 年以來最大的兩次油價下跌，俄羅斯回購利率從 2008 年 6 月的 6.79% 上升到 2009 年 2 月的 12%、從 2014 年 6 月的 7.56% 上升到 2015 年 1 月的 17.44%。期間工業生產指數增速大幅下降，CPI 高位震盪或大幅上行。俄羅斯的兩次大幅加息都對應就業率的大幅下降即失業人口比例的大幅上升，從另一角度印證了之前的分析，即短期大幅加息提高資金成本，會導致部分企業的生產投資無法進行，從而造成大量失業人口。

整體上看，俄羅斯的名義利率偏高，離負利率目標制的目標利率還有很大的一段距離。需要注意的是，負利率目標制的實施宜緩慢漸進地實施，不宜斷崖式地降息造成經濟的混亂。俄羅斯非重大衝擊期間的高名義利率並不會造成類似加息抗通脹期間的大幅生產下降與失業上升，

是因為這種貨幣供給過程的過剩與不足是漸進的而非斷崖式的，貨幣逐漸被經濟所吸收，對短期經濟的影響是細微的，不易察覺。

【重要結論】

1. 2000 年以來俄羅斯的名義回購利率通常穩定在 6% 左右的水平。高的利息成本通過提高消費品的價格向消費者轉嫁，因而，過高的名義利率基準提升了俄羅斯整體的通脹水平，使得俄羅斯長期以來 CPI 同比數據的中位數維持在 10% 左右的高位，儘管俄羅斯有著高的無風險名義利率，但無風險實際利率長期為負。

2. 2000 年以來俄羅斯有兩次特殊的貨幣政策操作，一次是 2007—2010 年，另一次是 2014—2016 年，分別經歷了一輪加息至降息的完整過程，均為原油價格大幅波動期間。本書提出的負利率目標制理論認為，加息將提高通脹水平，儘管加息提高了名義利率，但通脹水平的提高抵消了名義利率提升的部分好處，這使得該國貨幣的購買力無法得到提升，因而不利於提升該國貨幣的幣值。此外，大幅加息擾亂實體經濟正常的生產秩序，導致部分生產與投資無法正常進行，從而使該國產出下降，這也降低了該國貨幣的吸引力，因此，兩次大幅加息試圖防止通脹與盧布匯率貶值的措施並沒有取得成功，卻導致了工業生產指數同比增速的大幅下行以及失業率的上行。

• 同為能源出口國的加拿大，與俄羅斯有何不同

加拿大於 1991 年開始採用通貨膨脹目標制，1991 年 2 月 26 日，加拿大公布了到 2005 年以「降低通貨膨脹與建立價格穩定」為正式目標的聲明。第一個目標區間是到 1992 年年底，即目標施行 22 個月後，與上年同期相比，通貨膨脹率（以 CPI 的變化來定義）中間點達到 3%；第二個目標區間是到 1994 年 6 月，達到中間點為 2.5% 的通貨膨脹率；第三個目標是再過 18 個月後，通貨膨脹率中間點達到 2%。

1991 年至今，加拿大每 5 年進行一次通貨膨脹目標制實施情況的回顧及目標的重新修訂。加拿大是通貨膨脹目標制實施成功的國家之一，正如加拿大央行在 2016 年的通貨膨脹目標更新報告中所總結的，「加拿大實施通貨膨脹目標制的成果是可觀的，以 CPI 衡量的加拿大通貨膨脹自 1991 年以來非常穩定。通貨膨脹目標引入以來，通脹水平快速下降。自 1995 年以來，通脹率平均接近 2%，基本未脫離 1% 至 3% 的控製範圍。」對於較低的名義利率，加拿大央行在報告中解釋為「名義利率的低位主要是因為通脹預期下降，部分由於補償投資者通脹風險的溢價變小。」

在伯南克等人所著《通貨膨脹目標制：國際經驗》一書中對加拿大的通貨膨脹目標制經驗總結如下：「第一，加拿大銀行在保持較低的

通貨膨脹和阻止對價格水平的一次性衝擊進入到趨勢通貨膨脹之中這兩個方面做得非常成功；第二，即使通貨膨脹目標制實際上是非常靈活的（例如，在目標失守時，加拿大銀行並不會受到任何自動的制裁），通貨膨脹目標制的運行機制也能夠很好運轉，使加拿大保持了較低且穩定的通貨膨脹，這種靈活性使得加拿大銀行有適當的空間在經濟受到意外衝擊時暫時偏離通貨膨脹目標；第三，加拿大銀行在面對疲軟的經濟狀況時，通過運用通貨膨脹目標手段，能夠採取放鬆貨幣條件的政策，同時相信這種放鬆貨幣的政策不會導致未來對更高通脹水平的預期。正是因為通貨膨脹目標制框架的這種靈活性以及對目標區下限和上限的同樣關注，通貨膨脹目標制並沒有要求加拿大銀行在事先承諾承擔起穩定實體經濟的全部責任。」

　　加拿大的通貨膨脹目標制無疑是成功的，但從上述總結也可以看到，在成功中包括通貨膨脹目標的偏離，包括放鬆貨幣並未導致通脹的上行，也包括貨幣政策在卸掉刺激經濟增長的責任後能更好地適應貨幣需求環境。本書提出的負利率目標制理論指出，設定最優無風險名義利率後，通貨膨脹會自動做出調整使貨幣貶值的損失大約可以彌補高於現金管理成本的存貨儲存成本，因此，通貨膨脹並非不可以偏離目標。此外，加拿大的通貨膨脹目標制實施起始時點為 1991 年，當時正處於利率從高位下行過程中，通脹不久也轉入下行，加拿大在持續的降息過程中原定的通脹目標已實現，在加息抗通脹尚為共識的環境下，通脹目標既已實現，也就沒有加息抗通脹的必要性了，因此，持續了降息放鬆貨幣的政策。實踐表明，擯棄貨幣供給量目標放鬆貨幣並未導致通脹，反

而能更好地適應貨幣需求環境。成功實施通貨膨脹目標制後的加拿大，無風險名義利率持續下行，至2016年隔夜回購利率已下降到0.5%左右的水平，越來越接近本書提出的負利率目標制理論。

同樣是重要的能源出口國，加拿大並沒有因為原油的衝擊而導致高通脹與高名義利率，2008年的加拿大，隔夜回購利率處於大幅下行中，從2007年11月的4.5%一直下降到2009年5月的0.2%，期間M3增速大幅下行，但M1、M2增速大幅上升；2014年6月至12月原油價格大幅下行期間的加拿大，隔夜回購利率穩定在約1%的水平，此後繼續下行，降低到2016年約0.5%的水平。

除2008年金融危機期間的大幅降息與其後的失業率大幅上升，穩定的無風險低利率環境使得加拿大保持了較為平穩的經濟環境。2014年的原油價格大幅下行，加拿大製造業生產幾乎維持了自身的經濟週期走勢，並沒有出現明顯異常的大幅下行，失業率也未出現上行。原油價格下行時，資本流出加拿大流入美國等國避險，原油價格上行時，資本流出美國等避險國流入加拿大等國，加元兌美元與原油價格走勢高度正相關，但加拿大允許匯率自由波動，並未採取加息防控資本外流的做法。CPI隨生產的波動而波動，加拿大也並未採取任何加息防控通脹的做法。然而，貨幣政策實踐經驗證明，相對於同樣是能源出口國的俄羅斯，加拿大的貨幣政策更能使貨幣供給適應貨幣需求。

五　世界各國貨幣政策案例及數據驗證

【重要結論】

　　加拿大與俄羅斯同為重要的能源出口國，但加拿大在原油價格大幅下行期間並未採取加息以防資本外流或匯率貶值的措施，維持了較低的名義利率，此舉使得加拿大維持了較低的通脹水平。

　　此外，受原油價格衝擊的影響，原油價格大幅波動期間加拿大通貨膨脹率出現了一定波動，但是加拿大並未採取加息防止通脹上升的措施，名義隔夜回購利率在低位維持穩定，通脹水平並未大幅上升。加拿大穩定地維持低無風險名義利率的措施使得加拿大維持了低的通脹率，減少了貨幣政策對實體經濟運行的不正常衝擊，與本書負利率目標制理論一致。負的無風險名義存款利率彌補現金管理成本，通貨膨脹自動做出調整，使得貨幣相對實物貶值的幅度大約相當於存貨的儲存成本，儘管加拿大尚未實行負的無風險名義存款利率，但低的無風險名義存款利率已接近負利率目標制的目標利率。

● 從英國數據看貨幣政策對 2008 年金融危機的影響

英國 CPI 的同比變化相對國際原油價格有很顯著的滯後正相關性。2009 年後，英國隔夜國債回購利率就已基本穩定在 0.5% 以下的水平，然而，2011 年的原油價格高點同樣使英國 CPI 上升到了歷史的較高位置。2000 年以來 CPI 這樣的高位只有兩次，另一次是 2008 年第 3 季度，同樣是原油價格的高位。前文已經論述過，原油價格衝擊形成的通脹上升不應由貨幣當局依靠貨幣政策工具控製。這一點美國存在類似情況，與是能源進口國還是出口國也沒有關係。原油價格的上升對通貨膨脹率的影響方向是一致的，加拿大的 CPI 數據與原油價格也存在類似的關係儘管關係的顯著性要低一些，俄羅斯在回購利率維持穩定的 2005—2007 年、2010—2013 年通脹的變化與原油價格的變化也是有較高同向性的，但回購利率大幅波動的 2008—2009 年、2014—2015 年卻正好相反，名義利率的人為調整導致了 CPI 的相應波動。

貨幣的緩慢、漸進的變化會被實體經濟吸收，不會對實體經濟形成大的顯著的擾動，然而，急遽的變動會明顯擾亂實體經濟環境。2012 年後英國即進入零或負利率、低通脹運行區間，至 2016 年本書撰寫時，基本達到了負利率目標制的目標利率水平。然而，其實現過程並不順利。

五　世界各國貨幣政策案例及數據驗證

　　英國2008年中至2009年初短短不到1年的時間國債隔夜回購利率從5%左右的水平急遽下降至約0.5%的水平，CPI從2008年第3季度至2009年第3季度急遽下降。而從2009年4季度開始大幅上升，直至2011年3季度末達到同比5%的較高位置，2000年以來這樣的高位只有兩次，另一次是2008年3季度，儘管有原油價格衝擊的影響，但英國同期降息幅度大於美國，日本由於早已實施接近零的無風險名義利率，降息幅度不大。從2011年同期CPI的上升幅度看，英國大於美國，美國大於日本，2011—2012年英國工業生產指數的同比增速大幅低於美國，這是20世紀80年代以來出現的最大的一次差異。英國貨幣政策的改變有受2008年全球金融危機的影響，但不是主要因素，因為負利率的大潮已形成全球氣候，執行只是遲早的事。加息抗通脹的失敗我們已詳細闡述過，但對於降息，傳統經濟學理論均認為是放鬆貨幣環境刺激經濟發展，但事實並非完全如此。

　　英國大幅降息後通脹的上升也並非是貨幣供給量過多而導致的通脹，從全球通過長期降息實現零或負利率、低通脹的國家的經濟數據來看，低通脹的實現都是通過降息實現的。然而，由於英國短期內降息幅度太大導致實體經濟無法及時消化，從而導致過少的貨物形成通脹，從英國急遽降息期間失業率的大幅提升也可以從側面驗證這一點。

　　我們在前文說過，加息抗通脹是失敗的，大量國家通過降息成功地控制了通脹，但英國急遽降息階段又是如何導致失業率與通脹上升的呢？急遽降息時，由於部分企業已通過高息籌集資金實施了生產投資活動，在這些高利息成本的投資尚無法通過銷售的產品回收時，新投資者

以大幅下降的利息籌集資金進入生產投資，取得成本大幅下降的競爭優勢，急遽的降息使得降息前以高利息籌集資金的企業無法將高的利息成本轉嫁出去從而導致生產、投資的損失，不得不減產或停工，因而導致失業率上升以及因過少的貨物導致通脹上升。本書負利率目標制理論指出，儲存物品會發生費用與損失，要使持有貨幣與持有貨物之間不存在重大差異，則實物的名義價格需要上升用以彌補儲存成本。生產、投資的損失使得經濟中存貨減值損失上升，而儲存貨物的減值損失是儲存成本的一部分，因而生產、投資的損失將導致儲存成本的上升，儲存成本的上升無疑會導致通脹的上升。

【重要結論】

利率的緩慢、漸進的變化會被實體經濟吸收，不會對實體經濟形成大的顯著的擾動，然而，急遽的變動會明顯擾亂實體經濟環境，負利率目標制的實現應循序漸進地實施，不應因為劇烈的貨幣政策變動而對實體經濟形成大的擾動。英國雖已實現接近零的無風險名義利率與低通脹，但2008年中至2009年初短短不到1年的時間國債隔夜回購利率從5%左右的水平急遽下降至約0.5%的水平，低利率低通脹實現過程中過於急遽的降息加重了經濟危機。

● 從歐盟數據看貨幣政策對失業率的影響

　　1992 年 2 月 7 日訂於馬斯特里赫特的歐洲聯盟條約（馬斯特里赫特條約）確立了歐洲貨幣聯盟（EMU）和歐洲中央銀行體系（ESCB）的基礎，提出「確定不可撤銷的匯率以導向單一貨幣（ECU）的實現，單一貨幣政策和匯率政策的界定和實現，兩者的首要目標應是維持價格穩定，並在與這個目標不相悖的情況下，根據自由競爭的開放市場經濟原則支持共同體的一般經濟政策。成員國和共同體的這些活動須同下列指導原則保持一致：穩定的價格、健康的公共財政及貨幣環境和持續的收支平衡。……ESCB 的基本目標是保持價格穩定，在不損及價格穩定目標的前提下，ESCB 應以有利於達到共同體目標為目的，支持共同體的一般經濟政策」。由此我們可以認為，馬斯特里赫特條約確定了價格穩定作為貨幣政策的主要目標。

　　歐元區自 2014 年後基準利率下降至零附近，1 年期公債收益率為負。2014 年後調和 CPI 在 1%以下，圍繞零窄幅波動。歐元區的降息過程始於 2008 年，總的來說整個降息過程是平穩的，但 2008 年第 4 季度與 2009 年第 1 季度實施了急遽的降息，同英國，過於急遽的降息導致了實體經濟無法在短期內及時做出調整，從而導致了經濟危機的加重，急遽降息期間失業率出現了大幅上升。同英國，歐盟工業生產指數與美

國工業生產指數同比增速的差異在 2011—2012 年出現 20 世紀 90 年代以來的低點，不過，2008 年第 4 季度至 2009 年第 1 季度歐盟的降息幅度比英國同期的降息幅度要小得多，2011 年通脹並未上行到如英國的高位。而 2014 年後利率的緩慢下行則伴隨工業生產指數的回升帶來了就業率的更顯著回升。2004 年後原油價格大幅波動，歐盟 CPI 同比增速與原油價格表現出很大的同向變動特徵，包括因原油價格衝擊而導致的 2011 年的通脹較高位置。

歐盟 2008 年金融危機期間急遽的降息加重了經濟的危機，而 2014 年後緩慢的降息至負的無風險名義利率促進了就業率的上升。

• 負利率目標制的先驅：
20世紀房地產危機之後的日本為何走不出通縮

日本是較早實行低無風險名義利率的國家，20世紀90年代初日本房地產危機爆發，自此開始了漫漫降息之路，隔夜拆借利率從1991年初約8%下降到1995年末接近零的水平，此後一直在零附近波動。降息期間CPI同比增速隨利率的下行而下行，1996年後隔夜拆借利率維持較為穩定的水平，CPI才表現出窄幅週期性波動。由於實體經濟有自身的週期，除1991—1995年大幅降息期間工業生產指數下行顯著，其他降息期間工業生產指數並未觀察到顯著的與利息一致的波動，不過1991—1995年大幅降息期間就業率有明顯下行。20世紀70年代與80年代兩次大幅的降息期間，就業率也出現了下行。低利率後的日本進入低通脹運行區間，CPI同比增速與工業生產指數同比增速有一定同向變動特徵，通脹同時受到原油價格衝擊的一定影響。

如本書負利率目標制理論所提出的，名義利率的下降通過降低名義資本成本等影響通脹的下行，因而日本的歷次大幅降息期間通脹都出現了下行，且由於名義利率的大幅下行，通脹的下行是偏離工業生產指數的。1995年後日本進入低利率運行區間，通脹同樣低位運行，甚至出現了很長時間的通縮。日本的低利率與低通脹為何維持了這麼長時間

呢？20世紀90年代的房地產危機之後，日本經濟增速放緩，根據貨幣擴張可以刺激經濟發展的傳統理論，日本持續降低利率意圖刺激經濟增長，1999年日本就確立了零利率目標，在降低利率與增加貨幣投放的一系列貨幣寬鬆政策的長時間執行中出現了較長時間的通縮，而面對較低的通脹甚至通縮，日本又試圖通過進一步的貨幣投放意圖提高通脹水平，儘管通縮的產生有實體經濟的因素，但持續的增加貨幣投放與降息也是通縮的重要原因。

現有觀點認為，通貨膨脹在2%左右最有利於經濟發展，目前美國、加拿大等國的通貨膨脹目標也設置為2%。為了實現2%以上的通貨膨脹目標，日本試圖進一步降低利率來提高通脹，2016年1月29日，日本提出「負利率量化與質化貨幣寬鬆」（Quantitative and Qualitative Monetary Easing with a Negative Interest Rate），正式開啓負利率。顯然，根據本書對負利率本質的研究，降低利率是不利於提高通脹的。不過，儘管日本沒有實施真正意義上的「負利率目標制」，卻得到了類似「負利率目標制」的結果。但是，對於負利率的範圍，日本央行應重新核算確定。

儘管日本近二十年來維持了穩定的低利率，但是在低利率到來前過於劇烈的降息導致了不必要的經濟損失。名義利率的緩慢變動能逐步被實體經濟吸收，對實體經濟的衝擊小，實體經濟通過物價變動將名義資金成本的變動轉嫁給消費者，然而，名義利率的急遽轉變使得不同企業因籌資時間的不同而產生巨大的資金成本差異，造成不公平的競爭關係。利率的大幅下行使得新的生產者以低成本進入，而籌資成本高的原

有企業無法將高的資金成本轉嫁出去，因而導致生產經營難以為繼。日本歷次大幅降息期間均出現了就業率較大幅度的下行，此外，從日本20世紀90年代大幅降息期間及其後幾年的破產企業數大幅上升也可以證實我們前述判斷，即貨幣政策大幅轉變形成的不平等的資源配置導致了部分企業因資金成本過高無法轉嫁，因而不能繼續生產經營，從而導致失業率上升。

【重要結論】

1. 如本書負利率目標制理論所提出的，名義利率的下降通過降低名義資本成本等影響通脹的下行，1995年後日本進入低利率運行區間，通脹同樣低位運行。

2. 名義利率的急遽轉變使得不同企業因籌資時間的不同而產生巨大的資金成本差異，利率的大幅下行使得新的生產者以低成本進入，而籌資成本高的原有企業無法將高的資金成本轉嫁出去，因而導致生產經營難以為繼。日本歷次大幅降息期間均出現了就業率較大幅度的下行，20世紀90年代大幅降息期間及其後幾年破產企業數大幅上升。

● 從中國數據看負利率目標制的實施時機

　　中國貨幣政策的制定機構是中國人民銀行貨幣政策委員會。中國人民銀行貨幣政策委員會是中國人民銀行制定貨幣政策的諮詢議事機構。根據《中華人民共和國中國人民銀行法》和國務院頒布的《中國人民銀行貨幣政策委員會條例》，經國務院批准，中國人民銀行貨幣政策委員會於 1997 年 7 月成立。2003 年 12 月 27 日新修訂的《中國人民銀行法》第十二條明確指出：「中國人民銀行設立貨幣政策委員會。貨幣政策委員會的職責、組成和工作程序，由國務院規定，報全國人民代表大會常務委員會備案。中國人民銀行貨幣政策委員會應當在國家宏觀調控、貨幣政策制定和調整中，發揮重要作用」。根據 1997 年 4 月 5 日國務院發布的《中國人民銀行貨幣政策委員會條例》，貨幣政策委員會的職責是，在綜合分析宏觀經濟形勢的基礎上，依據國家宏觀調控目標，討論下列貨幣政策事項並提出建議：貨幣政策的制定和調整、一定時期內的貨幣政策控制目標、貨幣政策工具的運用、有關貨幣政策的重要措施、貨幣政策與其他宏觀經濟政策的協調。

　　中國的貨幣政策操作工具主要有公開市場業務、存款準備金、再貼現、中央銀行貸款、利率政策以及非常規的補充性工具（短期流動性調節工具 SLO，常備借貸便利 SLF，中期借貸便利 MLF，再貸款與抵押補

充貸款 PSL）等。中國人民銀行對於其使用的各種貨幣政策工具的創設動機、操作方法與操作目的介紹如下：

公開市場業務：在多數發達國家，公開市場操作是中央銀行吞吐基礎貨幣，調節市場流動性的主要貨幣政策工具，通過中央銀行與市場交易對手進行有價證券和外匯交易，實現貨幣政策調控目標。中國公開市場操作包括人民幣操作和外匯操作兩部分。外匯公開市場操作於 1994 年 3 月啟動，人民幣公開市場操作於 1998 年 5 月 26 日恢復交易，規模逐步擴大。1999 年以來，公開市場操作發展較快，目前已成為中國人民銀行貨幣政策日常操作的主要工具之一，對於調節銀行體系流動性水平、引導貨幣市場利率走勢、促進貨幣供應量合理增長發揮了積極的作用。中國人民銀行從 1998 年開始建立公開市場業務一級交易商製度，選擇了一批能夠承擔大額債券交易的商業銀行作為公開市場業務的交易對象。近年來，公開市場業務一級交易商製度不斷完善，先後建立了一級交易商考評調整機制、信息報告製度等相關管理製度，一級交易商的機構類別也從商業銀行擴展至證券公司等其他金融機構。從交易品種看，中國人民銀行公開市場業務債券交易主要包括回購交易、現券交易和發行中央銀行票據。其中回購交易分為正回購和逆回購兩種，正回購為中國人民銀行向一級交易商賣出有價證券，並約定在未來特定日期買回有價證券的交易行為，正回購為央行從市場收回流動性的操作，正回購到期則為央行向市場投放流動性的操作；逆回購為中國人民銀行向一級交易商購買有價證券，並約定在未來特定日期將有價證券賣給一級交

易商的交易行為，逆回購為央行向市場上投放流動性的操作，逆回購到期則為央行從市場收回流動性的操作。現券交易分為現券買斷和現券賣斷兩種，前者為央行直接從二級市場買入債券，一次性地投放基礎貨幣；後者為央行直接賣出持有債券，一次性地回籠基礎貨幣。中央銀行票據即中國人民銀行發行的短期債券，央行通過發行央行票據可以回籠基礎貨幣，央行票據到期則體現為投放基礎貨幣。根據貨幣調控需要，近年來中國人民銀行不斷開展公開市場業務工具創新。2013年1月，立足現有貨幣政策操作框架並借鑑國際經驗，中國人民銀行創設了短期流動性調節工具（Short-term Liquidity Operations，SLO），作為公開市場常規操作的必要補充，在銀行體系流動性出現臨時性波動時相機使用。這一工具的及時創設，既有利於央行有效調節市場短期資金供給，熨平突發性、臨時性因素導致的市場資金供求大幅波動，促進金融市場平穩運行，也有助於穩定市場預期和有效防範金融風險。

再貼現：再貼現是中央銀行對金融機構持有的未到期已貼現商業匯票予以貼現的行為。在中國，中央銀行通過適時調整再貼現總量及利率，明確再貼現票據選擇，達到吞吐基礎貨幣和實施金融宏觀調控的目的，同時發揮調整信貸結構的功能。自1986年人民銀行在上海等中心城市開始試辦再貼現業務以來，再貼現業務經歷了試點、推廣到規範發展的過程。再貼現作為中央銀行的重要貨幣政策工具，在完善貨幣政策傳導機制、促進信貸結構調整、引導擴大中小企業融資、推動票據市場發展等方面發揮了重要作用。1986年，針對當時經濟運行中企業之間

嚴重的貨款拖欠問題，人民銀行下發了《中國人民銀行再貼現試行辦法》，決定在北京、上海等十個城市對專業銀行試辦再貼現業務。這是自人民銀行獨立行使中央銀行職能以來，首次進行的再貼現實踐。1994年下半年，為解決一些重點行業的企業貨款拖欠、資金週轉困難和部分農副產品調銷不暢的狀況，中國人民銀行對「五行業、四品種」（煤炭、電力、冶金、化工、鐵道和棉花、生豬、食糖、菸葉）領域專門安排 100 億元再貼現限額，推動上述領域商業匯票業務的發展。再貼現作為選擇性貨幣政策工具為支持國家重點行業和農業生產開始發揮作用。1995 年末，人民銀行規範再貼現業務操作，開始把再貼現作為貨幣政策工具體系的組成部分，並注重通過再貼現傳遞貨幣政策信號。人民銀行初步建立了較為完整的再貼現操作體系，並根據金融宏觀調控和結構調整的需要，不定期公布再貼現優先支持的行業、企業和產品目錄。1998 年以後，為適應金融宏觀調控由直接調控轉向間接調控，加強再貼現傳導貨幣政策的效果、規範票據市場的發展，人民銀行出抬了一系列完善商業匯票和再貼現管理的政策。改革再貼現、貼現利率生成機制，使再貼現利率成為中央銀行獨立的基準利率，為再貼現率發揮傳導貨幣政策的信號作用創造了條件。適應金融體系多元化和信貸結構調整的需要，擴大再貼現的對象和範圍，把再貼現作為緩解部分中小金融機構短期流動性不足的政策措施，提出對資信情況良好的企業簽發的商業承兌匯票可以辦理再貼現。將再貼現最長期限由 4 個月延長至 6 個月。2008 年以後，為有效發揮再貼現促進結構調整、引導資金流向的作用，

人民銀行進一步完善再貼現管理：適當增加再貼現轉授權窗口，以便於金融機構尤其是地方中小金融機構法人申請辦理再貼現；適當擴大再貼現的對象和機構範圍，城鄉信用社、存款類外資金融機構法人、存款類新型農村金融機構，以及企業集團財務公司等非銀行金融機構均可申請再貼現；推廣使用商業承兌匯票，促進商業信用票據化；通過票據選擇明確再貼現支持的重點，對涉農票據、縣域企業和金融機構及中小金融機構簽發、承兌、持有的票據優先辦理再貼現；進一步明確再貼現可採取回購和買斷兩種方式，提高業務效率。

中央銀行貸款：中央銀行貸款指中央銀行對金融機構的貸款，簡稱再貸款，是中央銀行調控基礎貨幣的渠道之一。中央銀行通過適時調整再貸款的總量及利率，吞吐基礎貨幣，促進實現貨幣信貸總量調控目標，合理引導資金流向和信貸投向。自 1984 年人民銀行專門行使中央銀行職能以來，再貸款一直是中國中央銀行的重要貨幣政策工具。近年來，適應金融宏觀調控方式由直接調控轉向間接調控，再貸款所占基礎貨幣的比重逐步下降，結構和投向發生重要變化。新增再貸款主要用於促進信貸結構調整，引導擴大縣域和「三農」信貸投放。

常備借貸便利：從國際經驗看，中央銀行通常綜合運用常備借貸便利和公開市場操作兩大類貨幣政策工具管理流動性。常備借貸便利的主要特點：一是由金融機構主動發起，金融機構可根據自身流動性需求申請常備借貸便利；二是常備借貸便利是中央銀行與金融機構「一對一」交易，針對性強；三是常備借貸便利的交易對手覆蓋面廣，通常覆蓋存

五 世界各國貨幣政策案例及數據驗證

款金融機構。全球大多數中央銀行具備借貸便利類的貨幣政策工具，但名稱各異，如美聯儲的貼現窗口（Discount Window）、歐央行的邊際貸款便利（Marginal Lending Facility）、英格蘭銀行的操作性常備便利（Operational Standing Facility）、日本銀行的補充貸款便利（Complementary Lending Facility）、加拿大央行的常備流動性便利（Standing Liquidity Facility）、新加坡金管局的常備貸款便利（Standing Loan Facility），以及新興市場經濟體中俄羅斯央行的擔保貸款（Secured Loans）、印度儲備銀行的邊際常備便利（Marginal Standing Facility）、韓國央行的流動性調整貸款（Liquidity Adjustment Loans）、馬來西亞央行的抵押貸款（Collateralized Lending）等。借鑑國際經驗，中國人民銀行於2013年初創設了常備借貸便利（Standing Lending Facility，SLF）。常備借貸便利是中國人民銀行正常的流動性供給渠道，主要功能是滿足金融機構期限較長的大額流動性需求。對象主要為政策性銀行和全國性商業銀行，期限為1至3個月。利率水平根據貨幣政策調控、引導市場利率的需要等綜合確定。常備借貸便利以抵押方式發放，合格抵押品包括高信用評級的債券類資產及優質信貸資產等。

中期借貸便利：當前銀行體系流動性管理不僅面臨來自資本流動變化、財政支出變化及資本市場IPO等多方面的擾動，同時也承擔著完善價格型調控框架、引導市場利率水平等多方面的任務。為保持銀行體系流動性總體平穩適度，支持貨幣信貸合理增長，中央銀行需要根據流動性需求的期限、主體和用途不斷豐富和完善工具組合，以進一步提高調

控的靈活性、針對性和有效性。2014年9月，中國人民銀行創設了中期借貸便利（Medium-term Lending Facility，MLF）。中期借貸便利是中央銀行提供中期基礎貨幣的貨幣政策工具，對象為符合宏觀審慎管理要求的商業銀行、政策性銀行，可通過招標方式開展。中期借貸便利採取質押方式發放，金融機構提供國債、央行票據、政策性金融債、高等級信用債等優質債券作為合格質押品。中期借貸便利利率發揮中期政策利率的作用，通過調節向金融機構中期融資的成本來對金融機構的資產負債表和市場預期產生影響，引導其向符合國家政策導向的實體經濟部門提供低成本資金，促進降低社會融資成本。

抵押補充貸款：為貫徹落實國務院第43次常務會議精神，支持國家開發銀行加大對「棚戶區改造」重點項目的信貸支持力度，2014年4月，中國人民銀行創設抵押補充貸款（Pledged Supplemental Lending，PSL）為開發性金融支持棚改提供長期穩定、成本適當的資金來源。抵押補充貸款的主要功能是支持國民經濟重點領域、薄弱環節和社會事業發展而對金融機構提供的期限較長的大額融資。抵押補充貸款採取質押方式發放，合格抵押品包括高等級債券資產和優質信貸資產。

從中國人民銀行對上述貨幣政策工具的定義以及定期公布的《貨幣政策執行報告》可以看出，中國貨幣政策很大程度上承擔了經濟調控的責任，意圖使用貨幣政策達到經濟刺激、扶貧、產業扶持與結構調整等諸多目的。

由於本書主要考慮貨幣當局的貨幣供給政策行為，因此主要考慮無

風險利率，除貨幣當局在貨幣政策操作中使用的利率，本書將國債利率也視為無風險利率。對於大多數本國國民來說，只能毫無選擇地相信現有政府是不會對本國民眾發生信用違約的。

由於中國的貨幣供給量變化主要考慮產出未充分考慮避險資金等的需求，產出主要與交易動機資金相關，貨幣供應量根據產出制定不能充分考慮到國內謹慎動機、投機動機等的貨幣需求變化及國際資本流動等的變化，這就導致了貨幣供給在一定程度上不能適應貨幣需求。突然的貨幣供給不足將使得利率不合理上升，利率不合理上升將提升成本、降低生產，進而導致通脹上升。產出增速下降的早期，貨幣供給量增速相應地下降，未考慮謹慎動機等所致的貨幣需求上升，使得經濟下行時，貨幣供給的下行過快，在建項目無法立即縮減，從而資金緊張致利率上行。而利率上行導致資金成本上行並推動價格上升，因而，此階段利率大幅上升，通脹同樣出現大幅上升。從中國 2000 年以來的每個三年短週期的數據都可以看到這樣的特徵，例如 2007 年 9 月至 2008 年 4 月、2010 年 1 月至 2011 年 7 月、2013 年 3 月至 2013 年底均表現出貨幣供給量與工業產出增速下行、利率與通脹上行的特徵。貨幣供給的突然不足導致原有生產投資計劃無法正常進行，從而形成過少的貨物並提高通脹。

從中國通脹數據看中國同樣受到世界原油價格衝擊的影響，2007 年初至 2008 年初、2009 年中至 2011 年中出現較高的通脹，而期間採取的加息措施也使得通脹進一步上升，而 2007 年中中國 GDP 數據就出現

了下行。

2010年至2016年，中國7天回購定盤利率基本維持在1年期國債收益率之上，部分階段甚至高於1年期中債AAA級企業債收益率，工業產出始終維持在低位運行，過高的無風險名義利率水平不利於企業生產投資的正常進行。經過較長時期的調整，2016年中國無風險名義利率維持在2%左右的位置，是進入負利率目標制實施的好時機，可以通過緩慢持續地下降將無風險名義利率下降到能彌補現金管理成本的負利率水平。

【重要結論】

1. 中國貨幣政策很大程度上承擔了經濟調控的責任，意圖使用貨幣政策達到經濟刺激、扶貧、產業扶持與結構調整等諸多目的。

2. 中國的貨幣供給量變化主要考慮產出未充分考慮各種動機的資金需求，這就導致了貨幣供給在一定程度上不能適應貨幣需求。

3. 2016年中國無風險名義利率維持在2%左右的位置，是進入負利率目標制實施的好時機，可以通過緩慢持續地下降將無風險名義利率下降到能彌補現金管理成本的負利率水平。

五 世界各國貨幣政策案例及數據驗證

● **全球貨幣政策的「負利率目標制」觀察：為什麼會出現全球性的負利率**

儘管在筆者提出負利率目標制理論前，並沒有一個國家實行真正意義上的負利率目標制，但部分發達國家在貨幣政策操作實踐中還是出現了長期的無風險低利率甚至負利率。導致這一結果的貨幣政策操作主要有兩方面的路徑：一方面，通過降息或增加貨幣投放來刺激經濟發展，因而出現了低利率；另一方面，通過降息或增加貨幣投放來維持或提高通脹，因而持續了低利率。

先說上述第一種貨幣政策操作路徑，即降息刺激經濟發展。根據貨幣擴張可以刺激經濟發展的傳統理論，這些國家在經濟危機之後實施了大規模的降息或增加貨幣投放的政策操作，這些操作使得利率下行。如日本20世紀90年代的房地產危機之後，美國等國2008年的金融危機之後，無風險利率下行至低位。

再說上述第二種貨幣政策操作路徑，即降息提高通脹。雖然貨幣政策歷史上加息抗通脹的操作較多，但也不乏降息提高通脹的操作，經過降息刺激經濟發展的一系列政策操作之後，利率下降到低位，與此同時通脹也下降到了低位。根據本書提出的「負利率目標制」理論，利率的降低會導致組成商品的資金成本降低，因而利率的降低會降低商品價

格。然而，傳統理論卻與「負利率目標制」相反，認為加息能減少貨幣降低通脹，降息將寬鬆貨幣帶來通脹，基於這一錯誤的邏輯，在經濟危機之後進入低通脹甚至通縮的部分國家，沒有了加息抗通脹的必要，貨幣寬鬆政策得以持續，部分國家因為通縮或較低的通脹而進一步降息或增加貨幣投放試圖提高通脹，因而走不出低利率與低通脹的死循環，使得低利率得以持續。

儘管世界各國依然對負利率存有疑問，並未將負利率視為長期的貨幣政策操作目標，但顯然，貨幣政策的物價穩定目標對低利率的維持發揮了重要作用。負利率的到來有一定必然性，一方面，隨著政策逐漸向公正透明的方向演變以及貨幣政策管理水平的提高，貨幣政策利率與政府籌資利率越來越向合理的無風險名義存款利率趨近；另一方面，隨著資本累積的不斷增加，社會越來越負擔不起過高的異常利率溢價（這裡的異常利率溢價指超過合理利率的那部分利率，這部分利率通常是因不合理的貨幣政策、財政政策、金融監管等導致的不公平分配）。

事實上，即使名義利率為正，倘若實體經濟的利潤率承擔不起如此高的利率，必然會以提高物價的方式降低實際利率，使得儲蓄者難以獲得實際上的異常利率溢價。2008年金融危機後的俄羅斯，名義利率顯著高於美國，但實際利率卻與美國實際利率相差不大，並沒有出現比眾多低名義利率國家明顯高的實際利率。

名義利率的下降通過降低資金成本降低價格。因此，無論是否公開承諾實施通貨膨脹目標制，無論其中經歷了如何曲折的歷程，也無論其

中的操作手段如何，有一點是共同的，那就是成功實現低通脹的國家，其無風險名義利率均經歷了較大幅度的下降，最終都下降到了零附近。

儘管根據「負利率目標制」理論，低利率與低通脹正是我們想要的，然而，急遽的利率變動使得實體經濟無法及時做出調整，導致資金成本過高的企業無法順利地通過產品價格的提升將成本轉嫁給消費者，因而導致生產經營無法正常進行。無論急遽的加息還是急遽的降息均會干擾實體經濟的正常運行，很顯然，不當的貨幣政策加重了2008年的全球金融危機。

【重要結論】

1. 名義利率的下降通過降低資金成本降低價格，成功實現低通脹的國家，其無風險名義利率均經歷了較大幅度的下降，最終都下降到了零附近。

2. 急遽的利率變動導致資金成本過高的企業無法通過產品價格的提升將成本轉嫁出去，因而導致生產經營無法正常進行，加重經濟危機。

3. 高名義利率並不意味著一定能給資金提供者帶來更高的收益率，實體經濟的利潤率倘若不足以承擔過高的資金成本，必然通過提高通貨膨脹率降低資金提供者的實際利率使其成本得到彌補，因此，常年處於高名義利率中的俄羅斯，實際利率長期為負。

六　對世界各國貨幣政策的「負利率目標制」建議

六 對世界各國貨幣政策的「負利率目標制」建議

● 負利率目標制和通貨膨脹目標制的區別

　　通貨膨脹目標制是一個貨幣政策框架，它的主要特點是公開宣布一個或多個時限內的官方通貨膨脹的數值目標（或目標區間），同時承認穩定的低通貨膨脹是貨幣政策的首要長期目標。負利率目標制下的貨幣政策仲介目標是能彌補現金管理成本的負無風險名義利率，通過操作負利率目標達到貨幣供給適應貨幣需求的最終目標。

　　在負利率目標制的負無風險名義利率環境下，通貨膨脹自動做出調整使得貨幣貶值的幅度大約相當於存貨儲存成本率超過現金管理成本率的部分，由於正常經濟環境下，儲存成本率通常為一個為正的且較低的比率，因此，負利率目標制下，通貨膨脹率通常為正的低通脹率。這使得通貨膨脹目標制的成功實施導致低的無風險名義利率，而負利率目標制通過負的無風險名義利率達到低通脹，在正常經濟環境下以及通貨膨脹目標制順利實施的情況下，兩者在一定程度上是殊途同歸的。

　　全球已有大量國家進入了低無風險名義利率、低通脹的經濟環境。縱觀實現低通脹的國家，有一個共同的特點，那就是低通脹的實現均經歷了貨幣政策主動降低無風險名義利率的過程。美國從 20 世紀 80 年代初開始利率整體呈下降趨勢，2009 年以後聯邦基金利率、1 年期國債利率維持在接近零的水平，CPI 同比在 4% 以下。日本從 20 世紀 70 年代

開始利率整體呈下降趨勢，1995年後1年期國債利率控製在1%以下，大部分時間為接近零的水平，2016年甚至進入負利率區間，1995年以後CPI同比在4%以下，圍繞零上下波動。歐元區2014年後基準利率下降至零附近，1年期公債收益率為負。2014年後調和CPI在1%以下，圍繞零窄幅波動。英國2009年後基準利率與隔夜國債回購利率控製在0.5%以下的水平，CPI同比維持在4%以下。加拿大2009年後隔夜回購利率控製在1%以下，CPI同比維持在4%以下。瑞士2009年後3個月LIBOR利率下降到1%以下，2014年開始進入負利率區間，2009年後消費者價格指數同比維持在2%以下。

既然低通脹與低利率如影隨形，負利率目標制與通貨膨脹目標制究竟有何區別呢？通貨膨脹目標制將低通貨膨脹率作為目標，但通貨膨脹目標制提出的是一種框架，對於如何實現通貨膨脹目標並沒有可操作的方案，對通貨膨脹目標究竟多大才是合理的並沒有理論指導，對不同經濟環境下低通脹的數值目標的制定並無具體的標準，對通貨膨脹目標無法準確達成以及特殊衝擊情況下偏離低通脹目標缺乏合理的解釋。通貨膨脹目標制成功實現的低通脹，是各國貨幣當局在操作實踐中通過失敗與成功的反覆嘗試而最終得以實現的，且未來依然存在眾多不確定因素。此外，在所有經濟環境中是否都應該保持低通脹，多低的通脹是合理的，已經進入負利率的國家是否還應該繼續降息，通貨膨脹目標制是無法回答這些問題的。在通貨膨脹目標制的歷史操作經驗中也發現，重大衝擊到來時通脹的不可控以及通貨膨脹目標的準確實現存在困難。本

六　對世界各國貨幣政策的「負利率目標制」建議

書負利率目標制理論的提出解答了所有通貨膨脹目標制以及以往貨幣政策操作中無法解答的疑題。不過，通貨膨脹目標制的實施儘管存在諸多疑點，但無疑是負利率目標制理論提出以前最合理的貨幣政策框架。

本書負利率目標制理論的提出，為全球依然受到高通脹困擾的國家提出了實現低通脹的理論和操作方案，為全球已實現低利率、低通脹的國家究竟該保持一個怎樣的通脹水平以及重大衝擊到來時如何應對同樣提供了理論依據。在正常的經濟環境下，低利率必然實現低通脹，然而，在重大衝擊環境下，當毀損等導致的儲存成本上升需要通脹來轉嫁時，較高的通脹水平是合理的，貨幣當局為實現低通脹的種種努力反而可能造成實體經濟的混亂，阻礙經濟的運行。因此，貨幣當局需要控製以及能夠準確控製的是名義無風險利率目標而非通脹目標，通脹受到貨幣當局供給貨幣以外的其他諸多因素的影響。在最優無風險名義利率目標下，一國通脹的高低或儲存成本的高低究竟受何因素影響、是正常合理的因素還是阻礙經濟發展的因素、有否改進的餘地以及如何改進，這些問題我們還要從貨幣當局供給貨幣以外的原因裡去尋找和解決，貨幣當局操作貨幣政策工具能控製的是最優無風險名義利率，無法控製更多。在既定的最優無風險名義利率下，通貨膨脹自動調整，使實際利率調整到大約可以彌補儲存成本的水平。負利率目標制可以實現正常經濟環境下的低通脹，此外，負利率目標制維持負利率目標允許異常經濟環境下儲存成本等的異常波動而導致的通脹異常波動。

【重要結論】

1. 通貨膨脹目標制的貨幣政策目標為低通貨膨脹，對如何實現低通脹並無可指導的操作理論與建議，對不同經濟環境下的低通貨膨脹數值目標的確定並無具體的標準。負利率目標制以彌補現金管理成本的負利率為貨幣政策仲介目標，通過操作仲介目標實現貨幣供給適應貨幣需求的最終目標。

2. 負利率目標制下通貨膨脹會自動做出調整，使得實際利率大約相當於存貨儲存成本率，從而使得儲存現金與儲存貨物不存在重大差異，由於正常經濟環境下儲存成本率通常為一個較低的比率，因而正常經濟環境下負利率目標制的實施將實現低通脹，但不同於通貨膨脹目標制，負利率目標制下異常經濟環境發生時因儲存成本率等的異常波動而導致的通貨膨脹率異常波動被認為是合理波動。

六 對世界各國貨幣政策的「負利率目標制」建議

● 負利率目標制的實施結果

負利率目標制是一種貨幣當局供給貨幣的政策與操作機制，很多因素會影響貨幣供給的效果，但並不全是貨幣當局供給貨幣時所能控製的，例如，嚴格的財經紀律與金融秩序若能達到，對負利率目標制的實施效果無疑是積極的，反之，財經與金融監管的混亂，無論貨幣當局有多好的貨幣供給政策也難以達到貨幣供給、利率、價格的最優。然而，倘若要分析財政、金融等秩序對貨幣供給政策效果的影響，闡述最優的財政、金融政策，筆者恐怕得另外撰寫一本書才能表達清楚，因此，下述討論是假定其他因素正常合理的情況下，負利率目標制所能達到的結果。在一個開放的經濟中，有兩個關鍵的貨幣政策渠道：一個是通過利率起作用的操作渠道，另一個是通過匯率起作用的操作渠道。本書主要討論通過利率起作用的操作渠道。

負利率目標制的實現究竟能為我們帶來什麼呢？在負利率目標制下，貨幣的供給最適應貨幣需求，因而能形成最優價格、最優利率，將貨幣供給與貨幣需求的不相適應對實體經濟的不利影響降到最低。

負利率目標制下貨幣當局能直接影響的最優利率是最優無風險名義利率，在無風險名義利率達到最優的環境下通過市場機制調節風險溢價。最優無風險名義利率受到現金保管成本的影響，在經濟不受到重大

衝擊的情況下，最優無風險名義利率通常為微低於零的水平。

負利率目標制下的最優價格使得貨幣適當貶值以彌補存貨儲存成本，在經濟不受到重大衝擊的情況下，最優通脹水平通常為一個高於零的較低的數值，重大衝擊會導致存貨毀損等提高儲存成本的因素，因而會提高通脹，不當的財政政策、金融監管、產業政策等均可以認為是對經濟的不正常衝擊，不當的財政政策、金融監管等造成的經濟結構失衡加重實體經濟中的損失，其導致存貨毀損等提高儲存成本的因素無異於戰爭、災難等造成的存貨毀損。因此，在公平正義的社會環境、良好的財經紀律與金融監管等條件下，負利率目標制將實現低通脹。

【重要結論】

1. 在負利率目標制下，貨幣的供給最適應貨幣需求，因而能形成最優價格、最優利率，將貨幣供給與貨幣需求的不相適應對實體經濟的不利影響降到最低。

2. 重大衝擊會導致存貨毀損等提高儲存成本的因素，因而會提高通脹，不合理的財政政策、金融監管、產業政策等均可以認為是對經濟的不正常衝擊，其造成經濟結構失衡、導致存貨毀損等提高儲存成本的因素類似於戰爭、災難等造成的存貨毀損。

六 對世界各國貨幣政策的「負利率目標制」建議

● 負利率目標制的操作建議

伯南克等人所著《通貨膨脹目標制：國際經驗》一書指出，「即使在過去 20 年執著地追求低通貨膨脹的德國銀行和瑞士國民銀行，可能為它們獲得了最大的可信度，它們也只是在付出就業和產出的較高的成本的情況下降低了通貨膨脹（Debelle and Fischer, 1994；Posen, 1995a）。」那麼，負利率目標制的實施是否也會造成上述經濟損失，如何實施才可以避免這種損失呢？

貨幣政策急遽的轉變會干擾實體經濟的發展，因此，造成就業與產出損失的不是通貨膨脹目標制本身，而是通貨膨脹目標制的不當實施過程。不實行通貨膨脹目標制或未實行低通脹的國家，貨幣政策的急遽轉變同樣導致了就業與產出的損失，本書詳細闡述過加息抗通脹的經濟損失。因此，負利率目標制的不當實施也會造成經濟的損失，為了避免這種損失，我們需要研究貨幣政策的轉變是怎樣干擾實體經濟的發展的，從而給出負利率目標制的合理操作建議。

為了讓讀者清晰地看到這種干擾過程，更充分地理解其中的邏輯，先觀察以下的經濟數據，筆者再做總結。

美國 20 世紀 70 年代以來最大幅度的三次失業率提升分別是第一階段的 1973—1975 年，從 1973 年 10 月的 4.6% 上升至 1975 年 5 月的

9%，上升了4.4%；第二階段的1979—1982年（從1979年5月的5.6%上升至1982年12月的10.8%，上升了5.2%）；第三階段的2007—2009年（從2007年5月的4.4%上升至2009年10月的10%，上升了5.6%）。其中第三階段為失業率提升幅度最大的階段，對應美國2008年金融危機的急遽降息，這次降息開始於2007年6月直至2008年12月無風險名義利率下降至接近零的水平，聯邦基金利率從2007年6月的5.31%下降至2008年12月的0.14%，並在此後維持較為穩定的接近零的水平。第二階段是美國貨幣政策的重大轉變時期，由於遵循了加息抗通脹的錯誤理論指導，美國聯邦基金利率一度上升到1980年12月22%的歷史最高位，此後開始了長期的降息過程。第一階段失業率的大幅上升同樣發生於大幅加息試圖抗通脹之後。第一階段與第二階段的兩次大幅加息均導致了聯邦基金利率大幅高於穆迪AAA級企業債收益率，關於加息抗通脹的謬誤本書有專門章節詳細闡述，這裡不再贅述。大幅加息導致了企業無力承擔過高的資金成本，因而生產投資無法繼續進行下去，從而形成上升的失業率。

英國20世紀70年代以來最大幅度的三次失業率提升（失業率指標數值採用的是英國公布的男性與女性失業率數據的平均值）分別是第一階段的1979—1986年，從1979年11月的3.5%上升到1986年8月的10.15%，上升了6.65%；第二階段的1990—1992年，從1990年5月的4.95%上升到1992年12月的9.45%，上升了4.5%；第三階段的2008—2009年，從2008年4月的2.3%上升到2010年1月的4.8%，上

六　對世界各國貨幣政策的「負利率目標制」建議

升了 2.5%。其中第一階段為失業率上升幅度最大的階段，發生於 20 世紀 70 年代以來英國歷史上最大幅度的一次加息之後，英國英鎊同業拆借利率一度在 1980 年 1 月達到 21.5%的歷史最高點，此後轉入下降。名義利率的大幅提升導致企業無法承擔過高的資金成本而無法繼續生產經營，因此失業率大幅提升。第二階段失業率的大幅提升發生於英國 20 世紀 70 年代以來歷史上僅次於第一階段的名義利率大幅波動之後，名義利率先是大幅提升，然後從 1989 年 10 月以後轉入急遽的下降階段。第三階段失業率的大幅提升發生於英國 20 世紀 70 年代以來歷史上幅度第三的降息活動，開始於 2007 年 8 月的降息自 2008 年 9 月 6%的水平開始急遽下降，直至 2009 年下降至接近零的水平，並在此後維持較為穩定的接近零的水平。

日本 20 世紀 70 年代以來最大幅度的三次失業率提升分別是第一階段的 1970—1987 年，從 1970 年 6 月的 0.9%上升至 1987 年 3 月的 3.2%，上升了 2.3%；第二階段的 1990—2003 年，從 1990 年 12 月的 1.9%上升至 2003 年 4 月的 5.8%，上升了 3.9%；第三階段的 2007—2009 年，從 2007 年 12 月的 3.5%上升至 2009 年 9 月的 5.4%，上升了 1.9%。其中第二階段為失業率提升幅度最大的階段，對應日本因 1990 年房地產危機的大幅降息，這次降息開始於 1990 年直至 1995 年無風險名義利率下降至接近零的水平，並在 1995 年後維持較為穩定的接近零的水平，由於企業以高名義利率籌集資金實施生產投資到產品生產出來對外銷售回收投資資金需要較長的時間，利息成本轉嫁相對於生產與投

資的滯後使得失業率的提升會有一定滯後，因此 1995 年維持穩定的無風險名義零利率後失業率持續上升了一段時間。第一階段同樣是日本無風險名義利率的大幅波動期。由於日本早已在 1995 年實現無風險名義利率接近零的水平，此後的波動基本都在 0% 至 1% 的區間內，2016 年後進入負利率區間，因此，儘管 2008 年金融危機期間日本無風險名義利率的下降幅度是 1995 年以來最大的，但總的來說名義利率水平的下降並不多，儘管受到金融危機的影響失業率有較大幅度上升，但相對於另外兩次上升幅度要小一些，相對於美國、英國等國上升幅度也較小。

歐盟成立於 1993 年，數據期相對短一些，自歐盟成立以來，失業率最大幅度的一次上升是 2008—2013 年，失業率從 2008 年 3 月的 3.2% 上升到 2013 年 6 月的 12.1%，上升了 8.9%，此期間對應歐盟成立以來最急遽的一次降息，隔夜利率從 2008 年 8 月的 4.3% 下降至 2009 年 8 月的 0.35%，此後基本維持在 1% 以下。

加拿大隔夜回購利率從 2007 年 11 月的 4.55% 下降到 2009 年 5 月的 0.22%，此後基本維持在 1% 及以下的水平。2008 年 2 月至 2009 年 8 月，加拿大 15 歲及以上人員失業率從 5.8% 上升至 8.7%，上升了 2.9%。

俄羅斯失業率從 2008 年 5 月的 5.4% 上升至 2009 年 2 月的 9.4%，上升了 4%，此期間為俄羅斯的大幅加息階段。俄羅斯 2014 年的大幅加息後，失業率儘管只出現了小幅上升，但此期間美國、日本、英國、歐盟等國失業率都是大幅下降的。而加拿大失業率雖然沒有明顯的下行，

六 對世界各國貨幣政策的「負利率目標制」建議

但加拿大隔夜回購利率為2009年以來的最大一次下降，不過總的下降水平不足1%。

從上述分析可以看到，造成實體經濟混亂的貨幣政策急遽轉變並非大幅波動的貨幣供給量，而是大幅波動的貨幣政策利率。當名義利率的急遽轉變導致名義資本成本的急遽轉變時，造成了不同實體經濟企業短期內因籌資時點不同而發生資本成本的巨大差異，從而導致不公平的資源配置，這種不公平的資源配置擾亂實體經濟正常的產品競爭關係，使得部分真正具有管理優勢的企業因貨幣政策的非預期調整而導致無法繼續生產經營，而部分企業的勝出並不源於自身的競爭力，僅僅是因為僥幸獲得較為低廉的資金成本，從而降低整體經濟的效率。因名義利率的急遽變動導致籌資利率過高的企業由於無法將資金成本轉嫁出去，因而生產經營不得不減少甚至停止，這就導致了失業率的上升。由於日本早已在1995年實現無風險名義利率接近零的水平，2008年的金融危機期間日本降息幅度不大，儘管受到金融危機的影響失業率有較大幅度上升，但相對於在金融危機期間大幅降息實現接近零的無風險名義利率的美國、英國等國，其失業率的上升幅度要小得多。經濟週期的變化本身會帶來失業率的波動，然而從上述國家經濟數據可以看到，相對於製造業工業生產指數的波動對失業率的影響，貨幣政策利率的大幅波動對失業率的影響要大得多。經濟週期的變化帶來的實體經濟的波動是漸進的、較為可預期的，因而對就業的影響較小，而貨幣政策利率的大幅波動是急遽的、不可預期的，嚴重違背實體經濟規律，因而造成更為嚴重的失業狀況。

綜上，由於貨幣政策利率的急遽變動會擾亂實體經濟秩序，因此，負利率目標制的實施應緩慢漸進地執行，對當前貨幣政策利率較高的國家而言，應通過較長一段時期的向下調整，逐步實現負利率目標。負利率目標一旦達成，將使貨幣政策對實體經濟的不當干擾降到最低。從歷史數據看，實現穩定的接近零的無風險名義利率的世界各國，普遍享受到了失業率下行的好處。俄羅斯雖未實現低無風險名義利率，但2005—2007年、2010—2013年回購利率維持穩定在6%左右，失業率也是下行的。

【重要結論】

1. 當名義利率的急遽轉變導致名義資本成本的急遽轉變時，造成了不同實體經濟企業短期內因籌資時點不同而發生資本成本的巨大差異，從而導致不公平的資源配置，這種不公平的資源配置擾亂實體經濟正常的產品競爭關係，降低整體經濟的效率。因名義利率的急遽變動導致籌資利率過高的企業由於無法將資金成本轉嫁出去，生產經營不得不減少甚至停止，這就導致了失業率的上升。歷史上各國貨幣政策操作利率大幅波動時均出現了失業率的大幅上升。

2. 負利率目標制的實施應緩慢漸進地執行，對當前貨幣政策利率較高的國家而言，應通過較長一段時期的向下調整，逐步實現負利率目標。負利率目標一旦穩定達成，將使貨幣政策對實體經濟的不當干擾降到最低。

六　對世界各國貨幣政策的「負利率目標制」建議

● 負利率目標制的數據檢驗

　　本書基於儲存成本的負利率目標制理論提出，要使持有貨幣與持有貨物之間不存在重大差異，則實物的名義價格需要上升以彌補貨物較高的儲存成本。在正常經濟時期、戰爭及自然災害等重大衝擊時期、能源價格衝擊等到來時，儲存成本受到不同的影響，因此名義價格的變化會有所不同，下面我們看看不同經濟環境下的這種名義價格變化。

　　在正常經濟時期，即不存在重大異常衝擊時，貨物的儲存成本通常處於一個較低的水平且維持較為穩定的狀況，因此，負利率目標制形成最優無風險利率提供最優貨幣供給的環境下，通貨膨脹會進入一個較低的水平。歷史數據表明，低通脹下的貨幣政策利率、國債利率接近零甚至略低於零。2009 年後，美國進入低通脹與聯邦基金利率接近零利率階段；澳大利亞為低通脹階段，銀行間利率逐步下降向零靠近；加拿大進入低通脹與短期國債利率接近零的階段；歐盟進入低通脹與短期公債利率接近零的階段。2015 年義大利進入低通脹與零國債利率，德國進入低通脹與負國債利率。

　　戰爭導致經濟中資源、產品等大量的毀損以及人工、材料等成本的大幅上升，即儲存成本的大幅上升，因此，戰爭期間名義價格即通貨膨脹率會大幅上升。米爾頓・弗里德曼在《美國貨幣史》一書中描述第

一次世界大戰期間的美國貨幣數據如下：「在整個1914年，貨幣存量一直緩慢上升，到1915年初開始加速增長，從1915年末期到1917年中期，與價格一樣，它以最快的速度增長，而後在1918年年底前再次恢復快速增長，並先於價格開始增長。貨幣存量在1920年6月達到了頂峰，其規模大概是1915年9月的2倍，比1914年11月聯儲銀行成立時的兩倍還多。我們只有向前追溯半個多世紀到南北戰爭時期，或者向後延展四分之一世紀到第二次世界大戰時期，才能再次找到價格和貨幣存量如此快速和長期增長的時期。」從南北戰爭、第一次世界大戰、第二次世界大戰期間的美國貨幣與價格數據可以看到，戰爭期間通貨膨脹的大幅上升與本書提出的負利率目標制理論是相符的，戰爭導致儲存成本的上升，儲存成本的上升需要更高的通脹來彌補。此階段通貨膨脹的上升是合理的，不應由貨幣當局控製，如果貨幣當局人為大幅減少貨幣量來控製通脹，只會導致不公平的資源重新配置，阻礙實體經濟的運行。同戰爭一樣，地震等自然災害的重大非正常衝擊也會導致實物資產的重大減值損失，這也會導致名義貨幣相對實物資產的價格下降即貨幣貶值，因而提高通脹。

當貨幣當局直接發行貨幣彌補財政赤字時，財政使用發行的貨幣形成對市場上貨物的購買行為，導致儲蓄者持有的貨幣對應的貨物減少，如同戰爭與自然災害發生時，由於貨物的大量毀損，持有貨幣者其貨幣所對應的貨物減少，因而形成上行的通脹。米爾頓·弗里德曼在《美國貨幣史》一書中指出，「第一次世界大戰期間，儘管賦稅上升了，在交

六　對世界各國貨幣政策的「負利率目標制」建議

戰激烈時期，政府的一般收入與支出相比仍嚴重不足，並且這種情況持續到 1918 年 11 月停戰後，且貫穿了 1919 財年的剩餘時間。聯邦政府的巨額赤字都是通過借款和貨幣發行籌集的。聯儲實際上成為政府債券的銷售窗口，其貨幣權力幾乎完全服務於此。」

能源價格衝擊到來時，由於上游資源的壟斷性以及大宗商品的國際投資品屬性，能源價格非一國所能控製，因此，其對儲存成本的影響及名義價格的影響也非一國貨幣當局所能控製。

當能源價格上升時，以上升的能源成本生產的產品需要通過價格上升將成本轉嫁給消費者。從儲存成本的角度來看，能源價格的上升也會導致儲存場地、設備等成本的上升，因而，需要較大的貨幣貶值來彌補儲存成本。因此，面對重大衝擊的不可控，執行通貨膨脹目標制的世界各國使用的通貨膨脹目標並非都是一般通貨膨脹，而是對其進行了調整。沿用《通貨膨脹目標制：國際經驗》中的表述，新西蘭通貨膨脹所依據的價格指數被設計成排除了供給衝擊的首輪影響，因此測量的是基底通貨膨脹（underlying inflation）。新西蘭統計局公布消費者價格指數，該指數剔除了利率變化對生活成本的首輪影響。這一指數經過新西蘭儲備銀行的進一步修訂，剔除了來自於貿易條件變動、能源與商品價格變化、政府收費與間接稅的變化以及由一些其他有較重要影響的價格變化所引起的第一輪衝擊。

通過大量的數據觀察與歷史驗證，我們確信，負利率目標制理論是符合實體經濟運行規律的，能使貨幣供給更好地適應貨幣需求，從而將

貨幣對實體經濟的干擾降到最低。負利率目標制有利於實體經濟的良好運行，從貨幣政策所能影響的限度內實現最優的經濟增長與就業。

【重要結論】

1. 在正常經濟時期，即不存在重大異常衝擊時，貨物的儲存成本通常在一個較低的水平維持較為穩定的狀況，因此，負利率目標制形成最優無風險利率提供最優貨幣供給的環境下，通貨膨脹會進入一個較低的水平。

2. 戰爭、災難等導致經濟中資源、產品等大量的毀損以及人工、材料等成本的大幅上升，即儲存成本的大幅上升，因此，戰爭期間名義價格即通貨膨脹率會大幅上升。

3. 當能源價格上升時，以上升的能源成本生產的產品需要通過價格上升將成本轉嫁給消費者。從儲存成本的角度來看，能源價格的上升也會導致儲存場地、設備等成本的上升，因而，需要較大的貨幣貶值來彌補儲存成本。

七　負利率來了，我們怎麼辦

七　負利率來了，我們怎麼辦

● 負利率目標制對投資品價格的影響

　　投資品價格的變化受到多種因素的影響，利率僅僅是其中一個變量。不僅如此，利率變化對投資品價格的影響又涉及實體經濟基本面、資金面、投資者情緒等諸多傳導路徑，而每一個傳導路徑又非常複雜。因此，對於大多數投資品我們都不能用利率變化去簡單判斷絕對價格的漲跌，然而，我們可以分析利率變化對投資品價格的影響成因，從而對投資品價格做出更準確的判斷。

　　利率在資產定價中發揮著很重要的作用，當使用利率對未來現金流進行貼現計算資產價格時，利率是作為分母起作用的。因此，假定未來現金流不變，利率上升時，對未來現金流貼現計算的資產價格會下降，而利率下降時，對未來現金流貼現計算的資產價格會上升。當然，對於大多數資產而言，利率變化也會引起未來現金流的變化，不過，人們往往更關注已經發生的事情，習慣用已知推斷未知、用歷史推斷未來，因此，利率變化往往會引起資產價格超過應有的波動。

　　就證券投資而言，主要投資品種有股票、債券、基金、金融衍生產品等，而這些投資品種又與各種具體的行業相關，比如石油行業，有石油生產企業的股票、石油生產企業發行的債券、投資石油企業的基金、投資原油商品的基金、原油商品期貨等。投資者往往需要在各種類型證

券之間做出選擇進行投資，即實施資產配置，豐富的金融產品為不持有大規模資金的普通投資者投資各種不同類型的資產提供了方便。就最佳投資收益而言，自然是在股票收益率最好的時候持有股票，在債券收益率最好的時候持有債券，在大宗商品收益率最好的時候持有大宗商品，不過，做出如此最佳的選擇恐怕很難，且大量投資者沒有足夠的時間與資金去做這樣的選擇，投資分散於不同資產以降低風險是每一個投資者都要考慮的問題。

儘管利率下行通常傾向於提高資產定價的價格，但負利率的實施對不同投資品價格的影響有所不同。投資者需要重新考慮以何種方式儲存自己的財富更為合理，是簡單地進行現金儲存，還是以持有企業股權的方式投資企業或經濟，或是進行其他投資品種的投資。

七　負利率來了，我們怎麼辦

● 負利率目標制下的貴金屬投資

　　貴金屬投資主要是指黃金、白銀等的投資。儘管貴金屬已不再是我們日常交易中使用的貨幣，但是貴金屬具有各種不同體積大小的製成品，並且單位體積具有較高的價值，這使得即使是普通大眾也可以持有作為財富儲存的手段，再加上貴金屬在人類歷史上無法撼動的貨幣地位以及當今的國際儲備地位，貴金屬成為人們紙幣替代的首選。負利率的實施必然引起貴金屬價格的波動。

　　貴金屬之貴並不在於其有多高的工業價值，而是由於其稀有以及受到人們的追捧，黃金尤甚。在黃金充當貨幣以前，其作用主要用於裝飾，在各種儀式中充當宣揚權力、財富、威望等的工具。在古埃及，使用黃金是一種王室的特權，在眾人的膜拜中，法老採用與裝飾眾神一樣的材料，承擔類似於上帝的角色，達到顯示王權神聖的目的。雖然金冠戴在頭上很沉重，但君王們還是願意在各種儀式中佩戴，而不會選擇用某些輕便的材料來代替。除了黃金的工藝美與象徵價值，由於黃金的耐久性、高密度等易於保存的特徵，使得其在古代就充當著儲藏財富的手段。

　　當人們從事商業交易的時候，貨幣便產生了。在由廉價的紙張製成的現代信用貨幣紙幣產生以前，貨幣有過很多的形式，比如牛、奴隸、

香菸、貝殼等，而鑄幣的產生則是重要的貨幣發明，在貨幣歷史上占據了不容忽視的地位，而黃金鑄幣又以其目眩的純度、較高的密度、廣泛的歡迎度、良好的柔韌性、較高的稀缺性等在鑄幣中獲得了最高的地位。黃金鑄幣的發展，推動了黃金在民間的流通和大規模的需求。而另一種貴金屬白銀，在貨幣史上與黃金的關係緊密相連，在歷史上的大多數時期，白銀的價值約為黃金價值的5%至10%，即白銀與黃金的交換率大約為20：1至10：1。古埃及人制定的白銀與黃金的交換比率為10：1，美國、英國、法國等國在金銀復本位制時期都採用過16：1至15：1的比率。

據歷史記載，呂底亞人是我們知道的最先懂得鑄造和使用金、銀貨幣的民族。呂底亞人在貨幣和貿易方面的創新與其地理位置有很大的關係，呂底亞位於淤積沉澱沙金的巴克圖魯斯河沿岸，這提供了以金作為貨幣的原料來源。呂底亞首都薩帝斯地處連綿約2,735千米、橫跨東西方、連接愛琴海和幼發拉底河乃至遠東的交通要道上，這為貿易的發展帶來了極大的便利。呂底亞的鑄幣製造過程在克洛伊索斯時期達到頂峰，克洛伊索斯實行貨幣體系的復本位制，這一製度，在隨後歷史中的大多數時期的許多國家得以實行。如同古埃及人一樣，克洛伊索斯規定白銀與黃金的兌換比率為10：1，這一比率還在其他歷史時期採用過，例如馬其頓王國的菲利普和亞歷山大時期等。復本位制具有非常實用的功效，但是，由於黃金與白銀不僅是貨幣還是商品，隨著時間的變化，兩種商品必然受到供求的不同影響發生相對價格的變化，因此，建立在

七　負利率來了，我們怎麼辦

兩種貴金屬之上的貨幣製度極不穩定，固定的兌換比率難以維持。

由於黃金是一種商品貨幣，黃金貨幣的多少依賴於用於製造貨幣的黃金原料的多少，不像紙幣可以隨意加印，這就導致了黃金的供給日益滿足不了需求。尤為顯著的是戰爭時期，眾多國家財政資金不足以滿足戰爭支付，這就只能以加印信用貨幣的方式變相徵稅，使得紙幣相對黃金不斷貶值，或者說黃金相對紙幣的價值不斷提升，從而導致金本位制難以實施下去。例如美國內戰時期發行了大量「綠鈔」（美國流通券）籌集戰爭經費，英國受第一次世界大戰規模巨大的融資需求影響，因紙幣激增等被迫中止了英鎊紙幣與黃金的兌換。戰後這些國家也曾經試圖恢復黃金與紙幣的兌換關係，但如本書負利率目標制理論所指出的，貨幣供給應適應貨幣需求，人為地調整貨幣供給導致貨幣供給不能適應貨幣需求必然擾亂實體經濟的運行秩序，因此，試圖恢復黃金與紙幣兌換關係的操作造成了經濟混亂，最終黃金與紙幣的固定兌換關係難以為繼。

儘管金本位制或金匯兌本位制早就成為歷史，黃金的貨幣地位大大下降，然而，黃金依然是一種重要的國際儲備，只要黃金的易變現特徵還在，黃金就依然是人們財富儲存的重要手段，是在動盪時期獲得安全感的重要手段。因為黃金的化學屬性穩定，所以能夠歷經歲月的洗禮、大自然的侵蝕、氣候的變幻和人類的權變。在不確定性遍布和令人恐懼的歲月中，儲藏黃金的行為貫穿了大部分歷史，無論是人們戰亂中掩埋後院的金幣、還是古代權貴們死亡時隨葬的金制器物，都顯示出黃金在

人們心中難以撼動的地位。

20世紀60年代以來，黃金經歷了兩次大幅上漲的行情。第一次是美元與黃金之間固定兌換比例被打破而導致的黃金價格上行，另一次則是低利率或負利率的穩定實施而導致的黃金價格上行。

美元與黃金之間固定兌換比例被打破而導致的黃金價格上行開始於20世紀60年代，其觸發事件即布雷頓森林體系的解體。1944年7月，美國邀請參加籌建聯合國的44國政府的代表在美國布雷頓森林簽定「布雷頓森林協議」，根據布雷頓森林體系，美元直接與黃金掛鉤，各國貨幣則與美元掛鉤，並可按35美元一盎司的官價向美國兌換黃金。1965年3月約翰遜總統簽署了取消銀行儲備與黃金掛鉤的法案，1968年黃金的價格大幅上升，1969年3月10日達到43.83美元，此後黃金價格下行至1970年1月重回35元，1971年《史密森協定》後美元與黃金掛鉤的體制名存實亡。布雷頓森林體系解體後，1971—1981年10年間經歷了黃金價格的大幅上行。1971年《史密森協定》後黃金的美元價格大幅上行，即美元相對黃金貶值，美元脫離黃金的名義錨後向其本來的價值迴歸本是正常的經濟現象，但實際上，黃金迎來的是一輪非理性的上漲，美元相對黃金的貶值幅度遠遠超過了其應有的限度。1970至1981年美元指數整體上是下行的，美國國際收支頭寸數據顯示美國持有的黃金資產占美國海外資產比例上行、外國持有的美元資產占美國海外資產及外國在美國持有的資產比例下行，美國黃金資產占官方儲備資產的比例也顯著上升。

七　負利率來了，我們怎麼辦

　　低利率或負利率的穩定實施而導致的黃金價格上行開始於 21 世紀初，其主要觸發事件是日本、美國等國在經濟危機之後實施的低利率環境。金本位在世界貨幣史上發揮了重要作用，同時黃金的貴金屬地位也深入人心，其貴金屬性質及易保存、易變現的特徵使得黃金長期被人們作為紙幣儲蓄的替代物，黃金的這一特徵使得貨幣政策對黃金價格的影響大於對其他大宗商品價格的影響。低利率或負利率的穩定實施使得持有貨幣的吸引力大幅下降，同時人們對經濟危機與通貨膨脹的擔心也加大了人們持有黃金的動機，如我們在前文中所闡述的，黃金是人們在動盪期獲得安全感抵禦恐懼的重要手段。

　　從美國經濟數據看，2000 年以前，無風險名義利率基本是黃金價格的滯後指標，這與當時的貨幣政策有一定關係，也就是說，因為黃金的價格變化或經濟中其他變量的變化影響了經濟中的利率變化及貨幣當局所操作的利率變化，因此，將黃金與利率間的關係作為利率變化影響貴金屬價格變化的判斷依據不具有說服力。2000 年以後的日本及 2008 年金融危機以後的美國等發達國家明確的低息措施則不同，無風險名義利率的下降具有一定的獨立性，既不依賴於貴金屬價格也不依賴於工業生產。

　　2000 年以後，受日本的低息政策等的影響，黃金價格即進入上行通道。2008 年金融危機期間有小幅調整。2008 年金融危機之後，全球眾多發達國家向低利率或負利率的環境轉變，貨幣政策利率長期大幅下行伴隨著黃金價格的大幅上漲。作為貨幣的替代，貨幣政策利率的降低

使得持有貨幣的吸引力大幅下降，而持有黃金的吸引力則大幅上升，同時投資者對貨幣貶值的恐慌情緒也加大了黃金價格的漲幅。不過，在這種轉變結束之後，低利率或負利率環境維持不變，利率下行對黃金價格的影響也就不復存在。此外，如前文所提及的，受制於廣大投資者有限的投資判斷能力，金融產品價格的波動遠大於實際應有的波動，黃金價格非理性的大漲結束後必然發生調整。另一種重要的貴金屬白銀的市場表現與黃金類似。

七　負利率來了，我們怎麼辦

● **負利率目標制下的原油等其他大宗商品投資**

　　原油資源在現代生活中的不可或缺性以及地區儲量不均衡的特徵使得其作為一種戰略資源受到世界各國的高度重視，為控製原油而導致的世界爭端頻發。石油資源是有限的，但沒有人知道其有限到什麼程度，由於在不同歷史階段的技術水平下對石油儲量的估計不同，使得各種理論甚至包括有目的錯誤理論混淆著人們的視線，使人們無法做出正確的投資判斷。

　　1956 年，馬里昂‧金‧哈伯特發表了一篇名為《石油峰值》的論文，聲稱石油是化石燃料，是五億年前埋在地下的恐龍及藻類等生物經生化反應而成，油田的產量呈鐘形曲線模式，一旦超過了峰值，產量就會不可避免地下滑，並預測美國石油產量將在 1970 年達到頂峰。這一理論在當時具有很大的影響力，石油峰值論是典型的石油危機學說，帶來人們對石油枯竭的恐慌。不過，這一理論存在明顯的錯誤，事實上，迄今為止，世界原油探明儲量一直處於穩步上升中。20 世紀 50 年代，前蘇聯科學家就提出了石油的非生物起源或無機成因理論，事實上，前蘇聯科學家的確根據這一理論勘探到了豐富的油田，原以為是石油荒原的西伯利亞其實原油儲量豐富，目前的俄羅斯也是世界重要的石油出口國。1989 年，哈伯特在去世前不久的一次訪談中承認，自己用來估算

美國石油儲量的方法與科學毫無關係，他說「他們（美英石油巨頭）要求我做的，就是一定要估算出石油的最大儲量……我必須變成權威，而且別無選擇，只能畫出石油峰值的曲線，還要表現得信心十足。這就是事情的真相。相關曲線都是臆想出來的，我只是大概估算了一下，隨手一畫，如果覺得數值太高，就把線畫低點，反之就畫高點。除了根據曲線本身計算某段時間的石油產量之外，根本不涉及任何數學問題。」

除油田的不斷被發現，石油開採技術的進步也影響著人們可以獲得的石油多少，萊昂納爾多・毛杰里在《石油時代》一書中指出，「因其複雜的特質，即使經過長期密集的鑽孔，油藏總會保留一部分碳氫化合物。這意味著，那些不產石油或者被認為已枯竭的油田仍然含有或多或少的碳氫化合物，只是現有的技術開採不出來而已。除了內部壓力和技術外，其他一些客觀因素也會影響石油開採的難易度，比如油藏岩石的孔隙率、產層厚度，以及每個岩層內部的水飽和度。今天，世界平均石油開採率是估計的原油地質儲量的 35%，這就意味著只能把 100 桶中的 35 桶帶到地面。隨著統計數據的不斷出現，可以發現這些數字存在巨大的差異。比如，在波斯灣的很多國家和俄羅斯聯邦，開採率不足 20%；相反，在美國和北海，這個指標可能超過 50%。」

儘管石油枯竭的危機尚不會到來，但作為不可再生資源的原油，其有限性依然不容忽視。人們從來沒有停止尋找更好的能源，不過，氫氣生產、儲存、運輸等的高成本，前景依然疑霧重重的頁岩氣革命等，相比較於原油的低成本與成熟技術，顯然我們還沒有發現另一種能源具有

七　負利率來了，我們怎麼辦

足夠的競爭力來替代原油。

財富的儲存從來都是個問題，現代製造業發展到一定階段，儲存的大量存貨並非處於初級階段的自然資源，而是為特定用途而加工過的產品，一旦這種產品為特定目的而進行人為加工，加工程度越高，使用用途可能越狹窄，產生孳息的可能性越小，減值風險越大。如將樹砍了變成木頭，樹在自然環境下生長的孳息不再有，而木頭在儲存過程中腐蝕、損壞等的風險增加了；如果將木頭進一步做成一張桌子，木頭做成其他用具的功能下降，儲存桌子比儲存木頭減值的風險進一步上升。類似的例子很多，如建築房子使用的建築材料、製造車輛使用的金屬等，除應對危機的戰略物資，上游資源比下游消費品更適於長期儲存。

約瑟夫・熊彼特在《經濟發展理論》一書中將不同加工程度的貨物定義為貨物的位次，加工程度越低的貨物位次越高，用途越廣泛：「現在必須對這個事實加以考慮：當我們由低向高來看位次時，貨物就變得越來越沒有定型了；它們越來越失去自己的特殊形狀，即預先決定其只作一種用途而不作其他用途的那些特性。在貨物的位次上我們走得越遠，貨物就越來越失去自己的專門性，即為達到特定目的的效能；它們的潛在用途越廣泛，它們的意義就越普遍。我們繼續遇到越來越少的可辨別清楚的貨物，單個的種類變得相應地包含越來越廣，就像當我們沿著一條邏輯概念的系統由下往上走時，我們遇到的是數目不斷減少、內容不斷稀薄而包含範圍則不斷廣化的概念。貨物的家譜變得越來越單薄了。這只是意味著，我們選擇的觀察點離開消費品越遠，居於第一位

的貨物就變得越來越多，它們都是來自居於較高位次的相同貨物的。」顯然，資源是位次最高的貨物，具有最廣泛的用途，因而其減值風險也較低，不易因為下游消費品的技術進步、消費習慣等的改變而喪失需求。

由於上游資源品更適合長期儲存，且資本會擇優而累積。當資本足夠少時，有更多初級階段的自然資源可以供資本投入；資本累積到一定階段，自然資源必然不斷受到擠占，如大規模的房地產開發、大量的工廠建設、礦產的不斷被開採等。因此，資本累積會導致對有限的自然資源的競爭加劇，原油從來都是一種重要的適於長期儲存的戰略物資。本杰明·格雷厄姆曾於20世紀30年代提出建立國際商品儲備貨幣製度，他選擇的用於建立國際商品儲備組合的15種商品就包括原油。這15種商品是根據當時的世界原料產值和貿易額情況，剔除易腐爛、交易不廣泛、不易標準化等的商品，選出的最重要的商品，目前，這15種商品依然具有重要的國際貿易地位。

不過，不同於貴金屬，原油是一種很重要的工業原料，和我們的衣、食、住、行息息相關。原油作為重要的工業原料的特徵使得原油價格的波動受經濟週期的影響較大。所以，長期看經濟週期是大宗商品價格變化的主要驅動因素，但負利率的實施會對大宗商品價格施加額外的影響。我們在討論負利率對消費品價格的影響時提出，降低利率會降低生產消費品的資金成本，因而會降低消費品價格，為何降低利率不能以同樣的道理降低資源價格，卻反而會導致資源價格的上升呢？這主要是

因為消費品的供給通常可以根據需求及時做出調整，生產更多的產品滿足需求，而資源的供給不能根據需求做出同樣的調整，雖然可以加大資源的開採力度，但其壟斷特徵與稀有性決定了其供給特徵與消費品存在較大差異，不過資源的創新與發現等會對資源的壟斷特徵與稀有性形成影響。

1995年開始日本國債利率下行至1%以下，2001年日本實施穩定的接近零的利率，從1999年至2008年金融危機爆發前，原油價格大幅上漲，儘管2001年與2006年受經濟週期的影響原油價格有小幅調整，但不改變長期向上的趨勢。而2008年金融危機結束後，美國等眾多發達國家實行低利率或零利率，世界原油價格再次經歷了一輪大幅的上行。不過，如本書之前所闡述的，由於絕大部分投資者沒有能力準確核算實際的影響，因此，負利率對心理的影響遠大於實際的影響，導致的原油價格的波動遠大於實際應有的波動。貴金屬價格的變化同樣如此，心理的影響要遠遠大於實際的影響，因而導致價格的波動遠遠大於基本面的波動。

● 負利率目標制下的股票投資

不同國家的負利率執行有所不同，不同國家的股指走勢也有所不同。要分析負利率目標制下的股票投資，我們先看看已實現接近負利率目標的國家的股指表現。

以美國聯邦基金利率、1年期國債利率為例，從較短週期看，美國執行穩定的低利率前的利率大幅下行期從2007年9月至2008年11月，穩定的低利率時期從2008年12月至本書撰寫日。從較長週期看，1981年以後進入美國利率的大幅下行期。受全球金融危機的影響，2007年9月至2008年11月的利率大幅下行，美國標準普爾500指數同樣發生了大幅下行，而2008年12月後進入了穩定的低利率時期，受益於經濟基本面的改善，美國標準普爾500指數同樣出現了上行。不過，儘管利率維持穩定，股指隨經濟波動而波動。表面上看，似乎看不到股指與利率間的對應關係，但是仔細分析會發現，2008年12月後的穩定低利率時期，股指的表現要大幅好於經濟基本面的表現。通過觀察美國較長時期的經濟數據，我們可以看到，1981年美國利率大幅下行前的10多年時間是美國利率的大幅上行期，此階段美國股指的表現是要差於經濟基本面的表現的。1981年以後進入利率的大幅下行期，股指的表現卻是好於經濟基本面的。由於股票與債券同樣作為金融市場的投資品，債券的

七　負利率來了，我們怎麼辦

低利率甚至負利率使得其對投資者的吸引力下降，而股票，尤其有穩定盈利與分紅的基本面良好企業的股票既具備低風險的特徵，又具備類似存款的利息支付的特徵，可以作為部分儲蓄者在負的無風險名義利率後尋找低風險投資品的替代。相反，當名義利率過高時，從債券市場上可以獲得穩定的高收益率，股票的吸引力也就會大大下降，如20世紀70年代利率大幅上行的美國。從美國2008年金融危機及其後的數據看，低利率或負利率的執行對於傳統利率週期的改變主要是從穩定的低利率時期開始的，因為在此之前，利率與經濟週期一樣是呈現週期波動的，穩定低利率執行前的利率下行更多的是順勢而為，與上一週期的利率下行期並沒有太多不同。穩定低利率的執行改變了利率週期，不同於以往隨經濟基本面上行而上行的利率，利率維持在低位沒變，經濟基本面的上行使得企業盈利改善，投資者也更為樂觀，而低利率使得債券投資的吸引力進一步下降，因此，更多的資金向股市轉移，使股指取得了超越經濟基本面的改善。

以日本1年期國債利率為指標，日本執行穩定的低利率前的利率大幅下行期從1990年9月至1995年11月，穩定的低利率時期從1995年12月至本書撰寫日。利率大幅下行期是1991年開始的日本房地產危機爆發期間，此期間經濟基本面大幅下行，日本股指日經225指數同樣出現了下行，不過，由於這是日本當局貨幣政策操作的降息，1994年經濟週期性改善時雖然利率繼續下行，但是股指受經濟基本面改善的影響有所上行。如果處於穩定的低利率時期，股指隨經濟週期而波動。受房

地產危機及1990年開始的過於急遽的降息等影響,1992—2002年10年的時間裡日本失業率均處於急遽攀升的狀態,且另一投資品房地產的價格也處於大幅下行中,這使得期間日本股指的表現並未超越經濟基本面的表現,不過2003年後就業逐步恢復,股指的表現也逐漸轉好。而1991年房地產危機爆發前的近10年時間(除去1989至1990年兩年的利率上行期),利率大幅下行,經濟高速增長,股指與房地產價格大幅上行,不過股指的表現要好於經濟基本面的表現。

以英國基準利率、隔夜國債回購利率為例,短週期看,英國執行穩定的低利率前的利率大幅下行期從2008年9月至2009年3月,穩定的低利率時期從2009年4月至本書撰寫日。從較長一段時期看,英國的降息始於1990年,1990—1993年有一次大幅降息,1993—2008年新一輪大幅降息前利率是小幅波動的狀態,在5%上下波動。1990年後的近10年時間,利率下行至較低位置然後維持穩定,英國股指倫敦金融時報100指數大幅上行,經濟基本面改善,但股指的表現是要好於經濟基本面的表現的。2009年4月後的低利率穩定期,股指的表現也是明顯好於經濟基本面的表現的。

以加拿大隔夜國債回購利率為例,加拿大執行穩定的低利率前的利率大幅下行期從2007年11月至2009年4月,穩定的低利率時期從2009年5月至本書撰寫日。由於利率大幅下行期為2008年全球金融危機期間,受經濟基本面下行的影響,加拿大股指多倫多股票交易所300指數大幅下行。穩定的低利率時期股指與經濟週期的波動較為一致,但

七　負利率來了，我們怎麼辦

股指的表現略好於經濟基本面的改善。

以瑞士法郎3月期LIBOR利率為例，從短週期看，瑞士執行穩定的低利率前的利率大幅下行期從2008年9月至2009年3月，穩定的低利率時期從2009年4月至本書撰寫日，低利率時期有一次較大的利率波動，從2014年11月至2015年2月，從零利率快速下降至-0.85%。利率大幅下行期為金融危機期間，瑞士股指瑞士蘇黎世市場指數同樣處於大幅下行中。金融危機結束後，經濟基本面上行，股指同樣出現了上行，穩定的低利率時期，股指的表現略好於經濟基本面的表現。從較長時期看，從1992年開始，瑞士法郎3月期LIBOR利率就進入下行趨勢，從1992年5月至1999年6月利率從9%左右的水平下降到1%左右的水平，從1999年6月至2008年的利率大調整前，利率窄幅波動在2%上下，圍繞2%向上向下波動1%左右的水平，相對高位時9%左右的利率，此時利率水平已不高。1992年5月至1999年6月最大的一次利率下行期，股指取得了較好的表現，尤其1997年至1999年，利率大調整的影響消除，失業率下行，利率穩定在1%至2%的區間內，股指的表現遠遠好於經濟基本面的表現。

上述國家穩定低利率的執行期，股指的表現基本上都好於經濟基本面的表現。不過，經濟危機期間股指的表現普遍較差。

迄今為止，俄羅斯雖不是低利率或負利率的執行國家，然而，俄羅斯回購利率僅在危機期間作大幅調整，平時基本為較為穩定的利率，儘管這個穩定的名義利率偏高。2008年6月至2008年12月、2014年6

月至 2014 年 12 月是 2000 年以來最大的兩次油價下跌，俄羅斯回購利率從 2008 年 6 月的 6.79%上升到 2009 年 2 月的 12%、從 2014 年 6 月的 7.56%上升到 2015 年 1 月的 17.44%。除加息後的降息行為，其他時間名義利率較為穩定，2005—2008 年的利率穩定期，股指的表現是好於經濟基本面的表現的。不過由於俄羅斯股指受原油價格的影響大，受 2011 年後的原油價格大幅下行影響，儘管 2011 年至 2013 年俄羅斯回購利率較為穩定，但是股指的表現並未超越經濟基本面的表現。

七　負利率來了，我們怎麼辦

● 負利率目標制下的債券投資

債券有著很多不同的種類。有的債券的期限較長，有的債券的期限較短。有的債券的利率是固定的，即票面利率預先確定，在償還期到來前債券發行人向債券持有人承諾每年支付的利息不變。有的債券的利率是浮動的，即票面利率在設定的基準利率基礎上加減一個價差，通常需要進行定期調整。有些債券含有選擇權，有些債券存在信用風險。特定債券的收益率取決於債券不同的票面利率設定和調整條款、發行人的類型、經濟狀況等許多因素，在全球金融市場上，不存在一個共同的債券收益率。

債券的發行主體主要有中央政府、地方政府、企事業單位等，通常將以中央政府信用保證的債券利率視為無風險利率，如我們常見的國債等。發行主體不同，對債務的履約能力不同。因此，對於這類債務，投資者會要求一定的風險溢價來補償可能發生的信用違約風險。不同經濟階段、同一經濟階段下的不同行業、同一行業內的不同企業的信用風險大小都可能不同，所需的風險溢價補償也不同。由於貨幣政策操作的主要是無風險債券市場，負利率目標制的實施主要是對無風險利率的調整。不過，在同等風險溢價的情況下，無風險利率的下行會相應降低承擔風險的債券利率。

不同的債券有不同的流動性，預期流動性越大，投資者要求的收益率就越低，如果不是以持有到期為目的，投資者就需要充分考慮債券是否有足夠的流動性能夠隨時賣出。

利率的變化對債券價格或投資收益的影響要視具體情況而定，不能一概而論，限於篇幅，這裡主要討論利率固定的債券。對於不含選擇權的無風險固定利率債券而言，利率和債券價格變化的方向正好相反。由於債券的價格是債券未來現金流量的折現，固定利率的債券按照本金的固定比例定期支付利息，也就是說不發生信用風險的情況下其未來現金流是確定的，對未來現金流量進行折現時，利率充當的是分母，在確定的未來現金流下，利率的變化與將這些現金流折現計算出來的債券價格的變化是相反的。因此，利率上行，存量債券價格下行，利率下行，存量債券價格上行。對尚未實行負利率的國家而言，負利率的執行過程必然要通過降低利率來實現，降低利率將導致存量債券價格的上行，尤其對於較長期限的固息債券而言，未來有較長時期將獲得高於市場利率的利息現金流。因此，當前價格也就需要上升，使得該類債券的未來收益率無異於市場上新發行的其他債券的收益率。不過，負利率目標制帶來的這種利率下行的投資機會大小需要視負利率的執行過程而定，筆者建議貨幣當局不宜過於急遽地降息，應緩慢地下行利率至負利率目標。

顯然，利率的下行對債券投資收益有兩方面的影響：一方面是由於利率下行導致的存量債券價格上升收益；另一方面是由於利率下行而導致的未來利息收益下行，債券投資需要視投資目的兼顧這兩方面的影響

才能做出正確的投資決策。

　　當然，上述主要討論的是以本國貨幣發行的債券，不同幣種債券還需考慮匯率變化等因素，限於篇幅這裡不再展開。

● 負利率目標制下的房地產投資

　　房地產較長的耐用年限使得其常與人口一起作為長週期經濟波動的重要研究對象，房地產週期具有一定的獨立性，同時又受到一般經濟週期的影響。房地產業具有龐大的規模，並非一般投資品能比擬，房地產的建造過程需要大量的材料、人工等的投入，影響著實體經濟的各個環節，房地產危機一旦爆發就會對實體經濟產生嚴重影響，往往會帶來大的金融危機。因此，儘管股票、商品等的價格調整並不必然對應房地產價格的調整，但房地產價格的大幅調整往往同時會導致股票、商品投資價格的重大調整。我們可以看到，日本20世紀90年代的房地產危機、美國2008年的房地產危機都緊接著巨大的經濟與金融危機。

　　房地產往往既是投資品又是消費品，房地產的耐用、易儲存、較易變現的特徵使得其很適合作為財富儲藏的手段。同時，房地產在用途上又主要是居住，為較好地保證社會穩定、居民安居樂業的需要，國家為了經濟的更好發展通常會對房地產投機實施某些限制。

　　就房地產的資產特徵而言，房地產介於資源與消費品之間，既有土地資源的稀缺性因素與投資品相對消費品較易保存和較好的流動性特徵，又有供居住使用及隨時間的變化易發生自然損耗與使用損耗等一定消費品屬性。

如本書所分析的，利率的下行降低消費品生產所需的名義資金成本，因而降低名義價格。而由於資源的稀缺性，利率的下行並不能使得資源的價格如消費品般因資金成本的下行而下行，反而由於資本競爭加劇可能導致資源價格上行。

由於資源與普通消費品兩種因素的共同影響，20世紀90年代房地產泡沫之後的日本，2008年金融危機後的美國，穩定的低利率的實施均未帶來房地產價格的大幅波動，房地產價格隨經濟週期的波動而低幅波動，其波動幅度介於資源與終端消費品之間。

• 在負利率大潮中逆流而上

負利率對我們的生活究竟影響有多大？我們只要大致算一算就能明白負利率是怎麼樣使你存在銀行的錢變得越來越少的。假定年利率為-1%，你今天往銀行存了 100 元，1 年後的今天你還剩下 99 元，2 年後的今天你還剩下 98.01 元，是不是為存款的快速下降而心慌？100 年以後的今天你的存款就歸零了？還沒這麼嚴重，由於本金的下降，存款每年的下降金額會減少，100 年後的今天你還有 36.60 元，如此下去，458 年後的今天你還剩下 1 元，916 年後的今天你還剩下 0.01 元。

負利率似乎是個讓人聽起來不太舒服的新名詞，長期以來貨幣都是生息資產，我們習慣了從銀行取得利息回報。不過，不管這個詞有多不舒服，面對全球負利率大潮的到來，無論當局、企業還是個人，都不能不瞭解負利率的本質，需要重新規劃經濟政策或籌資、投資行為。也只有瞭解了負利率的本質，才能順利應對負利率的到來。

當然，上述說的是名義利率，是債券發行時所載明的利率，或者是銀行大廳牆上掛的大牌子上寫得清清楚楚的利率，總之是我們直觀感覺到的那種。事實上，即使名義利率不是負，實際利率也可能是負的。雖然實際利率不如名義利率易察覺，但同樣實實在在地影響著我們的生活。假定你今天的 100 元能買到 100 個蘋果，未來的某一天，同樣的蘋

七　負利率來了，我們怎麼辦

果，100元可能只能買到50個蘋果了，因為蘋果的價格上升了。所以，即使名義利率大於零，你的存款在未來的購買力也可能會下降。不過名義的負利率往往更易受到普通大眾的關注，因而引起市場投資品價格的較大波動。

負利率來了，我們的資產配置組合需要改變，我們需要瞭解負利率對股票價格、債券價格、貴金屬價格、能源等其他大宗商品價格、房地產價格等的影響，做出新的投資決策。負利率對心理的影響遠勝於實際的影響，因此，負利率將帶來投資品價格的更大波動。

對貴金屬投資而言，貴金屬雖然依然具有貨幣的很多特徵，但無疑已經不再是主要的貨幣，但由於易儲存、易變現，長久以來都是人們儲存財富的安全替代物。況且，不同於其他很多種類的投資品，貴金屬現貨可以隨身攜帶，滿足緊急情況下的支付需要。儘管經濟週期會對貴金屬的價格波動施加影響，但貴金屬之稀有使得其難以成為大規模使用的工業原料，同時貴金屬具有很強的貨幣特徵，這使得貴金屬更多地受到貨幣政策的影響。回顧歷史，黃金與紙幣固定比例關係的打破以黃金的紙幣價格上升而告終。從長期看，只要黃金的國際儲備地位不發生變化，黃金依然是值得持有的資產。不過，從短期甚至中期看，在每一次黃金的過度投機之後，黃金價格都會發生大幅度的調整。通常認為長期利率是反應未來通貨膨脹率的指標，因此，當短期利率相對長期利率過低時，人們認為短期利率不足以彌補預期通貨膨脹率，因而有購買黃金以避免通貨膨脹損失的傾向，由此導致黃金價格的走強。貨幣政策操作

以短期利率為主，中央銀行在降息過程中會導致短期利率相對長期利率更大幅度的下降，因而，對於較高名義利率的國家而言，負利率目標制的實施會導致短期利率的較大下行。從美國、日本等國的數據看，近乎零的低利率的實施迎來了黃金價格的大幅上漲。由於貴金屬較強的貨幣替代特徵，貨幣政策利率的降低使得持有貨幣的吸引力大幅下降，而持有黃金的吸引力則大幅上升，同時投資者對貨幣貶值的恐慌情緒也加大了黃金價格的漲幅。對於普通投資者而言，除直接持有貴金屬，也可以投資各種投資貴金屬的金融產品，比如相關的股票、基金等。不過，受制於廣大投資者有限的投資判斷能力，金融產品價格的波動遠大於實際應有的波動。除黃金，另一種重要的貴金屬白銀的市場表現與黃金類似。

對原油等其他大宗商品投資而言，由於資本所導致的對有限的自然資源的競爭，負利率對資源價格的影響不同於對消費品價格的影響。原油作為人類必不可少的能源，其不可再生性以及較易儲存的特徵使之可以作為國家戰略儲備的重要物資，對於普通投資者而言，顯然不太可能像持有貴金屬一樣持有原油現貨，但可以通過各種投資原油的金融產品來持有。儘管長期看經濟週期是大宗商品價格變化的主要驅動因素，但負利率的實施會對大宗商品價格施加額外的影響。1995年開始日本國債利率下行至1%以下，2001年日本實施穩定的接近0的利率，1999年至2008年金融危機爆發前，原油價格大幅上揚，儘管2001年與2006年受經濟週期的影響原油價格有小幅調整，但不改變長期向上的趨勢。

七　負利率來了，我們怎麼辦

而 2008 年金融危機結束後，美國等眾多發達國家實行低利率或零利率，世界原油價格再次經歷了一輪大幅的上行。不過，如本書之前所闡述的，由於絕大部分投資者沒有能力準確核算實際的影響，因此，負利率對心理的影響遠大於實際的影響，導致的原油價格的波動遠大於實際應有的波動。

對股票投資而言，由於股票與債券同樣作為金融市場的投資品，債券的低利率甚至負利率使得對投資者的吸引力下降，而股票尤其有穩定盈利與分紅的基本面良好企業的股票既具備低風險的特徵，又具備類似存款的利息支付的特徵，可以作為部分儲蓄者在負的無風險名義利率後尋找低風險投資品的替代。相反，當名義利率過高時，從債券市場上可以獲得穩定的高收益率，股票的吸引力也就會大大下降。因此，低利率的執行往往能帶來股指的較好表現。

對債券投資而言，利率的下行對不同種類的債券有不同的影響，投資者應關注不同債券的種類、條款設計、信用風險、流動性等。單就一國無風險固定利率債券而言，利率的下行對投資收益有兩方面的影響，一方面是由於利率下行導致的存量債券價格上升收益，另一方面是由於利率下行而導致的未來利息收益下行，債券投資需要根據投資目的兼顧這兩方面的影響才能做出正確的投資決策。

對房地產投資而言，房地產介於資源與消費品之間，既有土地資源的稀缺性因素與投資品相對消費品較易保存和較好的流動性特徵，又有供居住使用及隨時間的變化易發生自然損耗與使用損耗等一定消費品屬

性，同時房地產又受到一國經濟發展政策的一些影響。由於資源與普通消費品兩種因素的共同影響，20世紀90年代房地產泡沫之後的日本，2008年金融危機後的美國，穩定的低利率的實施均未帶來房地產價格的大幅波動，房地產價格隨經濟週期的波動低幅波動，其波動幅度介於資源與終端消費品之間。

無論是貴金屬、原油、股票還是房地產等的投資，都不能忽略所處週期的影響，負利率目標制的實施是在所處週期之外施加額外的影響，因此，負利率目標制的實施並不必然在短期內導致上述投資品價格在方向上的某種絕對變化，而是在原有價格變化基礎上的修訂，這種修訂是否立即構成價格變化方向的逆轉取決於負利率目標制的實施力度與投資者的投資情緒。

負利率來了，我們大不必恐慌，我們在討論負利率對消費品價格的影響時指出，降低利率會降低生產消費品的資金成本，因而會降低消費品價格。所以，儘管名義利率下降，由於物價上漲放緩，實際利率並不一定會下降，也就是說，你持有的存款的購買力未必會因為名義利率下降而下降。此外，負利率的實施會提高整體經濟的運行效率，所以，穩定的合理的負利率將使得全社會生產出更豐富的產品，帶來失業率的下降、生活水平的改善。

負利率來了，用你的畢生去努力追求，創造你此生應該擁有的奇跡，而不是躺在祖輩留下的財富上庸庸碌碌地度過此生。負利率來了，靠利息生存將越來越不可能，即便你沒有遠大的理想，也要面對生存的

七　負利率來了，我們怎麼辦

現實。

　　負利率來了，我們需要改變自己的資產配置組合避免財富的貶值，然而，比資產配置更重要的是，均衡飲食、適度運動、努力求知、敬業工作，以健康的體魄、明智的大腦為社會創造價值，同時獲得你該獲得的財富。因為財富的儲存會有儲存成本，任何物種都不能不勤勉地度過此生，螞蟻、松鼠、蜜蜂是如此，人類也是如此。

國家圖書館出版品預行編目(CIP)資料

負利率的本質：全球貨幣政策大變局 / 劉華峰 著.
-- 第一版. -- 臺北市：財經錢線文化出版：崧博發行，2018.12
　面；　公分
ISBN 978-957-680-288-1(平裝)
1.貨幣政策
561.18　　107019124

書　名：負利率的本質：全球貨幣政策大變局
作　者：劉華峰 著
發行人：黃振庭
出版者：財經錢線文化事業有限公司
發行者：崧博出版事業有限公司
E-mail：sonbookservice@gmail.com
粉絲頁　　　　　　　網　址：
地　址：台北市中正區延平南路六十一號五樓一室
8F.-815, No.61, Sec. 1, Chongqing S. Rd., Zhongzheng Dist., Taipei City 100, Taiwan (R.O.C.)
電　話：(02)2370-3310　傳　真：(02) 2370-3210
總經銷：紅螞蟻圖書有限公司
地　址：台北市內湖區舊宗路二段 121 巷 19 號
電　話：02-2795-3656　傳真：02-2795-4100　網址：
印　刷：京峯彩色印刷有限公司（京峰數位）

　　本書版權為西南財經大學出版社所有授權崧博出版事業有限公司獨家發行電子書及繁體書繁體版。若有其他相關權利及授權需求請與本公司聯繫。

定價：400元

發行日期：2018 年 12 月第一版

◎ 本書以POD印製發行